JOSE ANTONIO LÓPEZ SALAS

UN BUEN ARQUITECTO

López Salas, Jose Antonio
Un buen arquitecto - 1a ed . - Ciudad Autónoma de Buenos Aires : Diseño, 2021.

108 p.; 21x15 cm.

ISBN: 978-1-64360-569-2
ISBN EBOOK: 978-1-64360-570-8

1. Arquitectura I. Título
CDD 720

Hecho el depósito que marca la ley 11.723

ISBN: 978-1-64360-569-2
ISBN EBOOK: 978-1-64360-570-8
Octubre de 2021

UN BUEN ARQUITECTO

JOSE ANTONIO LÓPEZ SALAS

diseño

A los buenos amigos de los que siempre me rodeo, a mi hermano y a mi familia, la que veo a menudo y a la que no veo tanto, pero que siempre estáis en mi corazón.

Prólogo de Un Arquitecto

de José Ramón Ruiz Checa

Antes de nada, agradecer a José Antonio, José para mí, la oportunidad que brinda para introducir este trabajo. Quiero empezar desde el lugar que siente más cercano José en su corazón para tratar de introducir al lector en el modo en cómo se ha planteado el ensayo.

Sin duda el sitio al que siempre vuelve el corazón de José Antonio es Casas del Cerro, una pequeña aldea perteneciente al municipio de Alcalá del Júcar. Me gustaría hacer un paralelismo entre el modo de enfocar el amplio espectro que cubre la Arquitectura y la relación topográfica de Casas del Cerro y Alcalá. Los arquitectos, y la Arquitectura en general, en muchas ocasiones, si no en la mayoría, peca de miopía o bien de mirarse al ombligo. Entramos en un espacio concebido por un arquitecto y solo vemos o sentimos ese espacio. De igual modo cuando visitamos Alcalá del Júcar, su ubicación topográfica singular e incluso pintoresca nos invita a quedarnos solo con eso, con la imagen, con la impronta visual, el castillo, el río, los desniveles o su arquitectura que resuelve grandes desniveles con humildes soluciones constructivas.

Pero, Alcalá vista desde Casas del Cerro es otra Alcalá, quizás más auténtica. Casas del Cerro es el parapeto perfecto para divisar las características del espacio geográfico, también se puede interpretar cómo pasan las estaciones, primero los ocres otoñales, más adelante las escarchas, para dar paso a un vergel en el fondo del valle.

Con el ejercicio planteado por José Antonio en esta obra, el autor nos invita a levantar la mirada a salir de ese espacio antes citado para entender que para llegar a su erección no solo aparece la idea feliz del arquitecto. En las entrañas del espacio aparecen invisibles infinitos momentos, infinitos movimientos y esfuerzos, incontables mecanismos burocráticos, jurídicos, físicos. Es aquí donde aparece el enfoque que mi querido amigo ha tratado de exponer. Una mirada sintética y clara de todo aquello invisible para el usuario, pero donde radica la razón de ser la propia arquitectura, la arquitectura actual.

Casas del Cerro al igual que la mirada que José Antonio dirige hacia el hecho arquitectónico, este se convierte en parapeto, en torre vigía que divisa las singularidades del contexto, en este caso, del proceso edificatorio.

A modo de prismáticos, nos desplaza por cada uno de los hitos que configuran el tránsito arquitectónico. Nos habla de la imperfección de este propio proceso, "ni el lugar creado será perfecto, y menos aún el proceso hasta llegar a él". En estas palabras el autor se dignifica, se cubre de sensatez, al reconocer y demostrar su gran conocimiento de los diferentes avatares que le pueden deparar a cualquier espacio concebido. Sigue con esta lluvia de sensatez, indicando que "la perfección es una meta inalcanzable en el contexto humano".

El ciudadano es ajeno a esta lucha interior que gobierna las mentes de los arquitectos, esa balanza que nunca llega, ni llegará, como dice José Antonio al perfecto equilibrio. Es agradable leer ya en la introducción su propósito, no es buscar la perfección, sino seguir vivo en el debate interior. Habla de haber llegado a un momento de madurez, y así es, el arquitecto, no lo es cuando sale de la Escuela de Arquitectura sino cuando ha vivido "el proceso" que el autor tan ha sabido reflejar en el libro.

A José Antonio lo conocí, hace 10 años en un Taller de Restauración en la Costa Amalfitana, cerca de Crapolla. En aquel entonces era un joven estudiante de arquitectura, con mucha energía y mucha capacidad de trabajo. Yo era uno de los profesores. Los dos provenimos de pueblos con apenas 100 habitantes, eso quizás fraguó una amistad que dura hasta la fecha. Me impactó su franqueza y sencillez a la hora de ver más allá de lo meramente evidente. Quizás la expresión altura de miras, encaja a la perfección en el perfil del autor, ver desde su torre los verdades y auténticos detalles del contexto. En definitiva, ver la arquitectura, más allá de los fuegos de artificio o de las modas.

Tras acabar los estudios de arquitectura, siempre que pude le llamaba para ayudar en proyectos o colaboraciones y José Antonio seguía con esa sana obsesión de analizar todo de lo general a lo particular. Es bonito ver que esa forma de actuar de enfrentarse la ha llevado hasta la forma de escribir. Analizar todo desde diferentes vertientes, como él dice sin pretender buscar la verdad absoluta, sino más bien a modo de ensayo. Porque, qué es sino un ensayo, un modo de acercarse a un determinado elemento, evaluarlo, analizarlo, sin pretender dar respuesta.

José Antonio con su análisis sobrevuela esta Arquitectura, nos habla de la Universidad como aquel lugar donde no consigues ser buen profesional, sino en un lugar donde el individuo se transforma, es el capullo de una crisálida donde el gusano no se hace más grande, sino que permuta a otro ser. Nos indica que este espacio no te dota de las armas para el oficio de arquitecto, sino que te convierte en arquitecto, las armas del oficio se van adquiriendo paulatinamente, y doy fe que José Antonio ya las asimiló hace ya algún tiempo.

Levantamos un poco más la mirada y el autor nos introduce en un ámbito que generalmente los clientes, el ciudadano ajeno al mundo arquitectónico desconoce. El espacio que inicialmente nos sirvió de introducción es fruto de un proyecto que a su vez ha "pasado" el filtro del colegio. José Antonio no evita el cuerpo a cuerpo con la tarea "vana" que hoy día realizan los colegios, pero incluso va más allá proponiendo roles realmente interesantes y que podrían dar valor añadido a estas instituciones además de mejorar nuestras ciudades.

Habla de "una transformación" de los colegios, de un colegio que se ha convertido en una institución mercantil, llevando la máxima de que si "una empresa no es útil (como en muchas ocasiones se perciben los colegios), no debe existir".

José Antonio propone que estas entidades no solo sirvan para, por, con y desde la visión del arquitecto sino que sirva a la sociedad en general.

El siguiente nivel o capítulo que se analiza es la legislación. El autor pone en crisis el propio modelo de la jerarquía jurídica actual. Todos los que de una u otra manera hemos desarrollado proyectos nos es complejo advertir a los clientes la parte subjetiva en la aplicación de estas normas. A veces, la increíble maraña legal nos sitúa a los profesionales como veletas que hoy indican un sentido y mañana otro, todavía más grave cuando aparece el criterio de los técnicos municipales que deben aplicarlas. Por tanto, se producen tres subjetividades unidas y superpuestas, la propia de la relación arquitecto-cliente, la emanada de la locura jurídica en la que nos encontramos y la final que atiende a la visión parcial y subjetivo de los técnicos.

Prólogo de Dos Chefs

de Javier Sanz y Juan Sahuquillo
Cocineros Revelación 2021 - Madrid Fusión

Empezaré preguntándome a mi mismo qué hago aquí, en qué-momento me imaginé estar escribiendo el prólogo de un libro o mismamente cómo se gestó todo para que yo conociera a José Antonio y hoy tengamos la relación y los proyectos que tenemos juntos.

La respuesta es sencilla, y desde hace años me lo ha demostrado en muchas más ocasiones el destino. Porque cada día soy más creyente en él, porque cada día estoy más convencido de que todo pasa por algo y por supuesto que todo está destinado a tener un fin, a veces es cuestión de paciencia, otras de suerte y otras de.. ¿Fé?

Replanteándome el por qué estoy aquí tengo varias posibles respuestas, pero también varias preguntas.

¿Será que los veranos que pasaba de niño en Alcalá del Júcar, casa de mis abuelos, yendo con mis tíos a Casas Del Cerro, a cazar, coger pájaros o a merendar al bar del pueblo serían la antesala de todo lo que se está gestando ahora?

¿Será que el cariño y los buenos recuerdos que tengo de ese pequeño pueblo sean los que me han hecho volver a él?

O cuando, todavía en la escuela de hostelería, hablaba de cocinar mis raíces, de volver al origen y de poner en valor la cultura de nuestra zona, ¿estaría adelantando lo que está a punto de suceder en el pueblo de mi familia?

Creo que lo tengo bastante claro, pero de lo que no me cabe duda es de que todas ellas me han llevado hasta Jose Antonio y Casas Del Cerro.

Me permitiré el lujo de contaros la historia de como empezó todo esto.

Después de volver a casa, al negocio familiar, darle una vuelta, crear un equipo o conseguir grandes reconocimientos, seguía teniendo la necesidad de dar un paso más, y no en mi pueblo natal Casas Ibáñez, si no en algo que me llenara más todavía, que me hiciera salir de mi zona de confort y emprender por mi cuenta.

Busqué terrenos en todos sitios, desde las partes más vírgenes del Valle del Cabriel (qué valiente era), hasta parcelas a las afueras o casas antiguas en Alcalá del Júcar, pero por una cosa o por otra nunca terminó de salir bien. Unas ya se habían vendido, otras no tenían ningún tipo de permiso y otras una vez te sentabas a analizarlas eran inviables.

A punto de tirar la toalla y volver a centrarnos en el negocio familiar aparece un amigo de la familia y nos dice conocer un antiguo edificio que seguro cumple con nuestras expectativas. Llegamos a Casas del Cerro, a una antigua escuela, hotel, o ida de olla mejor dicho, que en su día se iba a dedicar al mundo del arte, a traer a los mejores artistas del mundo para que ahí hicieran su retiro espiritual, a dar cursos o a recrear el paisaje, pero como en tantos proyectos, la realidad puede más que la ilusión, el fracaso se cumplió.

Ahí estaban cuatro plantas de edificio en ruinas esperándonos, ya casi preparadas para reformar y abrir el proyecto de nuestros sueños, y con lo que más nos gustaba, unas vistas preciosas. En aquel momento la ilusión se apodera de nosotros y empezamos a gestionar todo. Íbamos a comprarlo cuanto antes.

Pero como todo lo que estaba pasando con las parcelas miradas hasta ese momento, surge lo esperado. Un grupo inversor de Madrid se adelanta y compra el edificio un día antes que nosotros. Para no creerlo pero así fue.

Yendo ese mismo día a visitar el edificio que acabamos de perder y con el que nuestro proyecto se empezaba a tambalear y a pensar que era más fácil dejarlo, que el destino había reflejado que no deberíamos de hacer nada, pasa algo muy curioso.

Nosotros dentro del edificio antiguo lamentando nuestra pérdida cuando de repente aparece un señor asomándose por una de las ventanas derruidas.

"Yeeeeepa, soy Maximino, alcalde del pueblo, que hacéis ahí"? Parecía surrealista pero le explicamos la situación y dice que le acompañemos, que él conoce una parcela todavía mejor, con más alturas, mejores vistas y que los dueños no tendrían problema.

Mientras vamos en el coche hacia el lugar, Maximino nos dice, que en la familia propietaria se encuentra un arquitecto, un chico joven que está empezando a hacer obras por Alcalá del Júcar y por la zona, que contactemos con él, que las propietarias son muy mayores y que él nos podría ayudar, además, que si fuéramos a hacer algo de obra allí, que él llevaba muy estudiada toda la legislación y "truquillos" de todos los permisos de la zona.

Llegamos al sitio y nos quedamos impresionados, era el lugar de nuestros sueños, donde podríamos llevar a cabo el proyecto que tanto habíamos pensado pero que veíamos imposible de ubicar y de plasmar.

Era el momento de llamar a ese chico joven arquitecto para empezar a darle forma a todo, pero sobre todo en un primer momento para negociar las parcelas de su familia, que ahí era lo que más nos interesaba.

Ahí conocí y entablé una relación profesional y personal muy especial con José Antonio, sería el encargado de hacer nuestro sueño realidad.

Después de la primera llamada entendí rápidamente que el fin de Jose Antonio y el mío eran, cada uno en su profesión, iguales.

Entendí como cocina y arquitectura miraban hacia la misma dirección, como dos personas con oficios tan diferentes se unían para crear un mismo proyecto, como cada uno con un fin distinto compartían una misma ilusión.

Volver a sus raíces para realizar el proyecto de sus vidas.

Pero no porque fuera el mejor ni más millonario proyecto, tanto Jose Antonio, con grandes edificios en distintas ciudades, proyectos inverosímiles y viviendo en Valencia, o yo, con la gestión de varios hoteles, el restaurante Cañitas Maite o grandes ofertas de inversiones para abrir locales en media España sentimos que este nuevo proyecto es lo que realmente nos llena, que compartimos demasiadas ilusiones y que quizás nunca tendríamos otra oportunidad donde ser tan felices.

Así que así va todo, de la mano, a cumplir uno de nuestros sueños juntos y sobre todo a demostrar que en un pequeño pueblo de 150 habitantes se puede construir uno de los proyectos tanto gastronómico como arquitectónico más importantes del panorama.

El objetivo está claro, ser un edifico único en el mundo, donde se apoyará un concepto gastronómico diferente, donde creo que las dos partes estamos capacitadas para fusionarnos y llevar a cabo esa idea.

Paredes de piedra mohína, techos pintados con cal, puertas de corrales antiguos o cuevas naturales conectadas por un ascensor donde realizar el I+D del restautante, enlazándose con cabritos celtibéricos en peligro de extinción, gallos castellanos criados en la finca, pescados de río o vegetales de la ribera, todo ello apoyado en técnicas ancestrales, fermentaciones o instrumentos primitivos.

Este es nuestro proyecto y esta es la historia y relación que nos conecta a José Antonio y a mi, con nosotros mismos y con la tierra que nos vio crecer.

Javier Sanz
Cocinero Revelación 2021 - Madrid Fusión

A mi temprana edad, jamás hubiese imaginado escribir el prólogo en un libro, ni mucho menos de arquitectura; al igual que nunca me hubiera imaginado poder empezar a crear tan pronto el restaurante de mis sueños.

Ahí es donde aparece la mano amiga que tiende a materializar lo que podría haber sido una odisea de malas jugadas, en realidad.

Y es que querido lector, José Antonio es tan romántico de la arquitectura, que se viste de abogado, obrero, guía de montes, detective y si hace falta de cocinero.

Voy a agradecer el hecho de pensar en Javi y en mí para hacer este texto que trata de la relación entre cocineros y arquitecto.

Poniendo en contexto, Javier y yo siempre habíamos soñado con un restaurante en medio de ninguna parte, pero con todo el sentido del mundo. Con 21 años, levantando un negocio, y con más corazón que cabeza, decidimos que había que ir buscando un lugar para lo que sería el restaurante de nuestros sueños, pero como he dicho, mucho corazón y poca idea de cómo, dónde, y cuándo.

Buscamos sin descanso por Alcalá del Júcar, uno de los pueblos mas bonitos de España, pero no dábamos con el lugar que llenara nuestras ganas de comernos el mundo.

Nos hablaron de unas oliveras en la aldea de "El Cerro", con buenas vistas a Alcalá del Júcar decían, y allá fuimos.

No hay forma de describir lo que sentimos cuando vimos aquel lugar, aquellas vistas que mezclaban rivera y pueblo de Alcalá, donde todos veían un secarral con oliveras olvidadas, nosotros vimos nuestro paraíso gastronómico.

Gracias a Maximino, conocimos a José Antonio, y desde el minuto uno pasamos de desconocidos a equipo. Un equipo formado por dos cocineros y un arquitecto; nada que ver, ¿o si?

Podríamos pensar que la arquitectura y la cocina no tienen nada que ver, hasta que conoces a José Antonio.

Desde que me inicie en la cocina hay algo que me enamora, que me hace sentir vivo, la creatividad. Y creo que tanto la arquitectura como la cocina, son profesiones creativas.

El periodo mas bonito de un proceso creativo, creo que es en el que nos encontramos los tres ahora mismo; y no es el de haber terminado ya el proyecto, para nada, es ese punto en el que todo está en el aire y puedes soñar sin materializar. En el que nosotros hablamos con *Josean* de hacer una gigantesca casa de pastores en la que se sirva alta gastronomía, pero que tenga un punto de vanguardia y claro, ahí es donde la mano amiga vuelve a aparecer para darnos mil ideas con las que materializar aquello con lo que soñamos.

Por eso las reuniones con *Josean* se convierten en lluvias de ideas donde se mezclan palabras como sartén, metro, cuchillo y escuadra. Como de repente aparece un bloc de dibujo y se llena de líneas que divisan felicidad y trabajo.

Algo muy difícil cuando tienes un proyecto o una idea es saber transmitir lo que sientes por dicho designio. Pero que va, bastó con 5 minutos para que se enamorara de nuestro sueño. Tanto, que ya no se a quién le provoca mas ilusión de todos, porque cuando hablamos de ello cualquiera de nosotros, es imposible no contagiar a los demás. Escuchar desde fuera a *Josean* hablar de nuestro proyecto con tanta pasión, nos da alas. Te hace ver que no estas equivocado y que lo que siempre soñabas se va a hacer realidad, gracias al esfuerzo de un equipo, que siendo de diferentes gremios han sabido trabajar como la máquina perfecta.

Y es que *Josean* hace ameno todo aquello que para ti parece una imposibilidad, hace entender a un "No arquitecto", lo que hace un arquitecto, y creerme que no es poco.

No somos expertos en arquitectura, ni mucho menos, pero gracias a *Josean* nuestras ideas son más claras, más reales, y nuestras dudas son aclaradas en apenas segundos, y eso es algo muy jodido, porque no te da tiempo a veces a dejar tus ilusiones permanentes, pero él es así, te abre los ojos, te dicta la realidad; y al mismo tiempo de repente, toma un atajo y te hace ver una nueva salida, muchas veces incluso mejor de lo que tú creías haber previsto.

Y es que en este mundo hace falta más gente, en líneas generales, que ame.

Porque igual que Javier y yo no llamamos trabajo a la cocina, *Josean* no llama trabajo a la arquitectura. Es increíble oir cómo habla de su gremio, cómo siente sus proyectos como hijos, que es lo que cada buen amante debería hacer, pero como ya he dicho el amor escasea.

¿Saben esas personas que parece que nunca tienen un mal día? Pues asi es él, el buen arquitecto, para nosotros *Josean*, y para muchos estoy seguro que maestro. Porque no hay mejor maestro que aquel que ama lo que hace, y es capaz de compartir su conocimiento con los demás.

Camarero, arquitecto, maestro y amigo.

Gracias por inmortalizar nuestra amistad en este prólogo, por dejar que aporte mi granito de cariño a tu libro, y por todo lo que haces por nosotros día a día, como si de un super héroe se tratase.

Juan Sahuquillo
Cocinero Revelación 2021 - Madrid Fusión

Introducción

Resulta curioso pensar en lo fácil que es imaginar un edificio, pienso que todos somos capaces de imaginar ese espacio soñado, esa casa con la que hemos fantaseado siempre y es que al final, queramos o no, se cumple el hecho de que somos seres con necesidades y la de cobijo es una máxima humana, muy a la altura de la alimentación, la salud, el sexo, el descanso y la homeóstasis, como base de la famosa Pirámide de Maslow, es más, todas ellas se contienen en esa necesidad de cobijo y de ahí que la seguridad física resida un escalón por encima de todas ellas en dicha pirámide, todas ellas circunvalan entorno al edificio, al proyecto arquitectónico. Como concepto es claro, nos imaginamos en un lugar, casi siempre antropizado, nos visualizamos realizando cualquier tarea y siempre existe un contexto, nadie se imagina en el vacío, sin más compañía que la nada. El edificio es la base de las necesidades humanas, no sólo el edificio como contenedor, si no el espacio exterior, el espacio generado y pensado por personas, transformando por el hombre, pues todos tenemos en mente esa casa, ese restaurante, esa terraza, esa tienda, en definitiva esos lugares, transformados en mayor o menor medida por una cabeza pensante que les dio un sentido, y que pretendió que un espacio fuese eso, un contexto vital donde las personas se desarrollen de la mejor forma posible.

Más curioso si cabe, es el hecho de pensar en lo complejo que resulta llevar a cabo la idea, hasta materializarla y que sea ese lugar perfecto, imaginado o soñado. Y es que la perfección no existe en el ámbito humano, por lo que ni el lugar creado será perfecto, y menos aún el proceso hasta llegar a él. Y precisamente es eso lo que humaniza y lo que da sentido a los procesos constructivos de ideas, mucho más allá que en el ámbito de las obras, mucho más trascendental, en cualquier proceso creativo existe un tránsito entre la idea y la materialización de la misma, ya sea en la construcción de edificios, como en la prensa, la cocina, los inventos, e incluso en la escritura de este libro.

Las ideas, como concepto tan etéreo, han sido tratadas desde el origen del conocimiento humano, ya los filósofos clásicos las trataron y divagaron al respecto, hasta que finalmente Platón enunciase su Mito de la Caverna, reconociendo que no existe la verdad en el mundo terrenal, y por tanto no puede existir esa perfección soñada, pues la perfección es una meta inalcanzable en el contexto humano, y únicamente se consigue en el mundo de las ideas. Qué maravilloso y perfecto es el mundo de las ideas.

Es inherente al ser humano la tarea de construir, es casi un afán instintivo, incluso antropológico, así como lo es de igual forma la destrucción, somos así de irracionales e imperfectos, en la búsqueda constante de una verdad, de una idea perfecta que no existe, construimos y destruimos al mismo ritmo y de la misma forma, con la naturalidad que conlleva ser seres imperfectos. Nos aporta felicidad la construcción de igual forma que la destrucción, aunque ésta se hace en la búsqueda de esa ansiada perfecta felicidad y esté peor vista, pero destruir siempre es para construir, para abrir paso a lo nuevo y mejor, necesidad humana de mejora, de avance hacia la perfección imposible.

Pero tratemos de ser más llanos, más accesibles, pues es lo que pretende este escrito, no ser perfecto, pues nunca podrá serlo, pero al menos tratará de explicar al gran público, multitud de conceptos e ideas de la forma más comprensible y razonada, pues es frecuente encontrar, en el mundo de la arquitectura, dudas por doquier, observándose por éste quien le escribe, apreciado lector, que no resulta tan fácil desarrollar ideas cuando sus clientes se enfrentan a la necesidad e interés en materializarlas, y es raro, pues todos pueden visualizarlas en su mente de manera clara, al menos para ellos.

Siguiendo el hilo conductor que me movió a escribir mi primer libro, con apenas 22 años, y donde pretendía hacer llegar la Arquitectura a los No Arquitectos, con un título tan sugerente como Arquitectura para No Arquitectos (vaya trabalenguas acabo de recitar), el presente ensayo pretende seguir aclarando dudas y cuestiones básicas a las que se enfrentan las personas cuando deciden construir sus ideas soñadas. Este libro nace de un periodo más maduro, y tras varios años de actividad profesional, pues mirando atrás, Arquitectura para No Arquitectos era un libro de fuerte carga teórica, de últimos años de un estudiante de arquitectura, y primeros años de un arquitecto, sin la base reposada y la solera que los años profesionales van dando. Un escrito impetuoso y en ocasiones cargado de tópicos, pero aún así, valiente e ilusionante, que ha servido a numerosos clientes y espero que también a lectores por mi desconocidos, para ordenar sus ideas, para saber cómo proceder, o incluso como aclaración para familiares, estudiantes, amigos y conocidos varios, sobre qué engloba el término Arquitectura, es por ello por lo que siento gran orgullo. Cabe destacar que no soy escritor, ni tampoco pretendo serlo, soy arquitecto, pertenezco al gremio de la que siento como la mejor profesión del mundo, lo que para unos es un lunes sombrío, para mí es un nuevo día afrontando mi profesión, puede sonar casi bucólico, estomagante quizás, pero así lo siento. Y es que no hay ejercicio más sano que escribir, redactar pensamientos frente a un folio en blanco, o frente al Word, como un ejercicio psicológico más, expresar ideas, redactarlas, darles forma, es una manera de reflexionar muy ilustrativa, que te hace ponerte frente al espejo, un autoanálisis completo, que incluso puedes llegar a comunicar a otros.

Y como no hay mejor aclaración que un ejemplo, este texto tratará de ser nuevamente ameno, ejemplificado y claro, de manera que no sea un texto para arquitectos, sino más bien lo contrario, un texto que sirva para los profanos en arquitectura, pues hemos podido constatar en el trasiego profesional el hecho de que la profesión es tremendamente opaca y cerrada al resto de actores intervinientes en el proceso constructivo de edificios, y al gran público en general. Aunque por suerte, se puede observar como, gracias a las redes sociales, a las revistas especializadas y otras publicaciones similares, cada vez se muestra más, es más abierta, aunque esté costando y no haya filtro en muchos casos, cada vez se conoce más la profesión, como dice el venerado Premio Nacional de Arquitectura, Alberto Campo Baeza, la profesión mas bella del mundo.

La Universidad

El *alma máter* de cualquier persona que haya desarrollado sus estudios, y sus ansias de conocimiento, es y seguirá siendo la Universidad y todo lo que el ambiente y el espacio universitario conlleva, desde la formación racional, con alta carga científica, hasta el crecimiento personal que propicia, por todo lo que en ella se engloba, la edad, las compañías, el esfuerzo y el ciclo vital que aporta al ser humano en esa fase de su vida.

La Universidad, en su más puro concepto, debe ser y seguir siendo la Universalidad, el conocimiento del Universo como contenedor del conocimiento conocido. En el peor de los casos, en el que mañana desapareciese todo, hubiese una catástrofe sobrenatural, y tuviésemos que reiniciar la humanidad, la Universidad debería de ser ese pilar inamovible de conocimiento básico y extenso en todos los campos de la vida. Pero no sólo como contendor, sino que debe ir más allá, desarrollar las ideas, ampliar el conocimiento humano, y descubrir poco a poco la ansiada perfección, que en algún rincón del universo se debe encontrar, o no, pero la tarea debe de ser incesable e infatigable, abnegada, y no por creer que la perfección no existe en el rango humano conocido, no debemos de dejar de buscarla, pues tal vez se encuentre en el rango humano desconocido, pero siempre será mediante el conocimiento y la ciencia de la universidad y las escuelas (ramas del conocimiento) que la componen, la base del conocimiento y el desarrollo humano. La Universidad es y debe ser, ese mundo de las ideas Platónico, que transforme de manera trascendental a ciudadanos en libres pensadores, abriéndoles paso desde la caverna al mundo de las ideas.

Todo hijo de vecino, quiere y desea que sus vástagos acaben en la Universidad, frecuentemente oímos a operarios, trabajadores de oficios duros, de fuerte carga física, decir que ojalá sus hijos puedan ir a la Universidad para no tener que trabajar como ellos, y bien cierto es que para los hijos siempre se quiere lo mejor. Personas que se han matado a trabajar para que sus descendientes puedan estudiar y tener una profesión menos dura que la suya. Pero no demos por implícitos estos hechos, pues todo estudio universitario tiene su parte dura, tal vez no física, pero también existen otros tipos de cargas, las mentales, las psicológicas, las responsables y así un largo etcétera. Se ha dado por hecho, de unas décadas para atrás, que ir a la Universidad es sinónimo de mejoría, de obtener una buena profesión, y este es un concepto erróneo, pues el hecho de asistir a la misma, no quiere decir que se sea un buen profesional, que se consiga ese crecimiento, o que se exprima al máximo lo que la Universidad puede ofrecer, para finalmente obtener el trabajo soñado. Menos aún cuando los planes educativos sucesivos que se vienen acometiendo en España cada vez ponen más fácil el acceso a la Universidad, primando la cantidad contra la calidad, consiguiendo así que los títulos universitarios, que cada vez tienen más gente, se conviertan en papel mojado, devaluando de este modo a la cuna del conocimiento, y generando graduados como churros.

Se viene pensando, desde hace décadas, que la Universidad es una escuela de oficios, y todo lo más lejos de la realidad. La Universidad es lo que es, la base de todo lo conocido y lo desconocido, y no se debe tomar como un lugar donde aprender una profesión, es todo mucho más trascendental, es una transformación del ser humano, ampliando los horizontes de conocimiento y aportando serenidad y cordura, con un cierto punto de magnanimidad y orden, la iluminación al camino de la vida, como tratase de hacer la Ilustración en su día.

Pero al fin y al cabo, si es recurrente pensar que la Universidad es una escuela de profesiones, al menos en España, será porque ésta no logra alcanzar el prestigio requerido. Se tratan como ramas del conocimiento humano, apartados que realmente son profesiones, bajando de lo trascendental a lo mundano, profanando el sentido de Universalidad, apareciendo carreras como hongos, las cuales tal vez pudiesen ser englobadas en una rama de un conocimiento superior. Se puede llegar a pensar que esto se hace para mercantilizar la Universidad, y obtener así mayores ingresos, pero eso es otro tema a tratar.

Al fin y al cabo la investigación es inherente a la Universidad, y debe ser un afán constante la búsqueda de nuevo conocimiento. Un buen amigo, muy metido en el campo de la Universidad me explicaba que, se produce mucho "conocimiento", muchas investigaciones en forma de Tesis Doctorales, pero únicamente con ánimo de lucro, de obtener nuevas fuentes de ingreso, ¡te cobran por hacer una tesis!, desvirtuando lo que debe aspirar a ser la Universidad. Si alguien tiene algo que aportar al conocimiento humano, se le deben de abrir las puertas y ponérselo fácil, no cobrarle por ello. Ahora bien, debe de existir un filtro, pues no toda "investigación" es buena, no por mucho producir quiere decir que se esté produciendo buen producto. Es curioso observar como el ser humano vuelve a caer en producir cantidad y no calidad, y así es en todos los ámbitos de la vida.

En lo referente a las Escuelas de Arquitectura, y desde la cercana lejanía que me aportan mis primeros años de carrera profesional, se puede apreciar como éstas, están muy alejadas de "la calle", entendiendo "la calle" como el salto del mundo de las ideas al mundo físico en el que vivimos. Lo que se enseña en una Escuela de Arquitectura, en la Facultad, es y debe seguir siendo, el mundo de las ideas, los conceptos básicos, fundamentales, así como el conocimiento teórico, pues como se defiende en este texto, la Universidad no va de aprender el oficio de Arquitecto, sino de convertirte en Arquitecto. Es una transformación mucho más profunda, a todos los niveles, no sólo en el del conocimiento. Y si bien es cierto que en la Escuela no te enseñan a usar programas de cálculo estructural, es porque es algo mucho más metafísico, sí que te enseñan a saber cómo se comportan físicamente las estructuras. Si mañana apareciese un virus informático que destruyese todos los programas de cálculo estructural, no por ello desaparecería el conocimiento, y un buen universitario sostendría a la humanidad sabiendo calcular estructuras de igual forma sin esa herramienta. La Universidad te enseña a ser arquitecto, pero no te enseña el oficio, te da las bases para que tú, como individuo racional, con mucha carga de conocimiento, previo, adquirido y por adquirir, aprendas el oficio poco a poco, en la carrera constante de la vida.

Los Colegios Profesionales

Las instituciones son un órgano de la sociedad, pero si bien es cierto que son organizaciones que llevan instauradas décadas, incluso siglos, asentadas y con una cierta solidez entre la comunidad, requieren una adaptación a la sociedad, cada día más cambiante, del mismo modo que se van modernizando empresas privadas, para ser más útiles cada día a las personas, a los clientes en definitiva, las organizaciones públicas, así como las empresas públicas y demás instituciones de carácter público, también requieren de una modernización, para seguir siendo útiles a los clientes, y cabe reafirmar la palabra cliente, pues en ocasiones se olvida que las empresas, organismos e instituciones públicas, son de servicio público, deben servir a los clientes como usuarios finales de las mismas, pues sin no sirven, no sirven.

Se requiere de una adaptación a las necesidades actuales de los usuarios, con una renovación constante, pues son organizaciones fuertemente asentadas y con unos cimientos firmes, lo que permite innovar y ser creativo, pues en ocasiones los cambios radicales o muy acentuados en forma y tiempo, pueden hacer tambalear entidades, pero no es tan peligroso para organizaciones o instituciones con tanta fuerza, solidez dada por su antigüedad o su asentamiento en la sociedad. Como ejemplo, destacar los sindicatos o partidos políticos, los cuales están sufriendo un proceso de transformación en mayor o menor grado, pero necesario, pues se estaban o se están, quedando obsoletos, llegando a ser cada vez menos útiles a la sociedad, pero no por ello dejan de ser necesarios, ya que existe la necesidad de ellos en el seno de una civilización, y siendo éstos organismos instaurados y firmes sólo requieren una transformación, tienen que volver a ser útiles a la sociedad, pensando en la sociedad a la que sirven, en los clientes, no pueden ser organizaciones que se costean únicamente con dinero público, y vivir de la mamandurria, pensando que hagas lo que hagas el dinero sigue entrando, sin ser de utilidad, olvidando al cliente y pensando exclusivamente en la empresa, pues si la empresa no es útil, no debe de existir.

Es el caso de los colegios profesionales, definiremos éstos, como unas organizaciones casi sindicales, entre lo público y lo privado, instauradas en el *establishment* público como parte de lo que se conoce como la sociedad civil, con las que los políticos se regodean y en las que se apoyan, con las que negocian y sobre las que se reafirman para dar empaque a sus decisiones triviales. Suena tan confabuladora toda esta definición, que algo chirría, y es que están empezando a no ser útiles a sus clientes, pues tal vez se estén acomodando en la silla, y no vean las necesidades reales que tienen sus colegiados, sus clientes en definitiva.
Pero no sólo deben servir a los colegiados, al fin y al cabo los colegiados son los que componen un colegio profesional, pero estos profesionales sirven a la sociedad, así pues, por ende, el colegio debe ser de servicio público, no única y exclusivamente a los colegiados, sino a la sociedad de la que debe ser partícipe.

Un colegio profesional, es un sello de garantía, una policía de control, que supervisa que lo que se produce es bueno, que cumple un mínimo estándar de contenido, de manera que se asegura así, que los proyectos son correctos, al menos en contenido, haciendo de éste un documento autenticado y supervisado. Siendo ésta una buena idea, y una necesidad real, no deja de ser un artificio burocrático que requeriría de una revisión.

Cabe destacar que, si bien la Universidad es el mundo de las ideas, ese mundo idealizado en el que todo se desarrolla en un marco de crecimiento suprapersonal, con una fuerte carga teórica de desarrollo humano, los colegios profesionales y más concretamente en este caso, el colegio de arquitectos es esa mano que te estira hacia abajo y te planta pie en tierra, te hace pisar el barro y te ayuda a saber por donde pisar, pues cuando bajas del mundo de las ideas a la caverna, estas a oscuras, y no sabes por donde avanzar, el colegio de arquitectos es esa luz que ilumina el mundo sensible, pues aunque la Universidad nos haya debido llevar al mundo de las ideas, la realidad es que vivimos en un mundo sensible, lleno de prisioneros que imaginan y opinan, pero que no saben. El colegio de arquitectos guía, y te enseña como aplicar las ideas, y cómo canalizarlas en el mundo real, en el mundo sensible en el que vivimos, llenos de prejuicios, normativas, leyes, y demás premisas impuestas por el mundo y por el hombre, en la que en muchas ocasiones y sin la experiencia necesaria es fácil perderse, pues cuando has probado el mundo de las ideas, no resulta tan sencillo volver al mundo sensible.

Además de un sello de calidad y un cuño con coste sobre nuestros proyectos, el colegio de arquitectos es algo más, un espacio de transición entre los universitario y lo mundano, de continua formación, profesional, pero formación al fin y al cabo. Debe resultar un espacio de encuentro, de ayuda mutua y de defensa frente a terceros, sin caer en estereotipos y siendo lo más eficiente posible, pues ya bastante compleja resulta la burocracia administrativa como para que seamos nosotros mismos quienes nos la compliquemos.

Y es que, como se defiende en Arquitectura para No Arquitectos, la arquitectura es un sector potencialmente endogámico, en el que resulta imposible entrar sin ser arquitecto, sin haber ascendido a ese mundo de las ideas universitario para bajar nuevamente al mundo sensible. Pero resulta muy difícil convivir con el mundo sensible en el que desarrollar una profesión si los profanos no entienden nada de lo que un arquitecto puede hacer por ellos, y es donde los colegios de arquitectos, tienen una gran labor por avanzar todavía, la de ser muestra pública y promulgar el conocimiento de la profesión al gran público, a los futuros clientes, al usuario en definitiva de nuestros productos, dejar de ser un sector endogámico para ser más abierto y conocido, al igual que todo el mundo sabe que un médico cura, que se haga la fácil correlación de que un arquitecto proyecta, desarrolla y ejecuta edificaciones.

Resulta tremendamente difícil comunicar sobre arquitectura, pues se acaba por asumir que un arquitecto hace obras, y aunque efectivamente un arquitecto hace obras, la obra no es más que el camino a la materialización de una idea proyectada, pensada y desarrollada. En la obra se convive con gran número de artes y oficios, a los que hay que coordinar y explicar su cometido para lograr plasmar la idea pensada y desarrollada previamente, y no es nada fácil esa comunicación, pues si bien es cierto que dos no se comunican si uno no quiere, y en muchos casos uno, el otro o los dos no se quieren comunicar. Así no funciona una obra, así no se llega a plasmar bien una idea, por muy bien pensada que ésta esté. Hay que hacer una gran labor de comunicación, que en gran parte deberá basarse en el proyecto, en un buen proyecto, pero en muchos casos requiere de explicaciones y aclaraciones in situ, y si no existe un canal de comunicación adecuado, si no nos sabemos hacer entender, no podremos hacer buenos proyectos. Me parece muy aclaratorio un ejemplo propio. En una visita de obra, en la que trataba de ver que todo se estaba ejecutando conforme a lo ideado y plasmado en el proyecto, pude observar que no se estaba ejecutando una parte de la obra como se había pensado, convoque a varios oficios, fontanero, electricista, albañil, y también al promotor. Ese día estaba muy espeso, no conseguía hacerme entender, y efectivamente el problema era mío, pues cuatro personas no entendían lo que quería, y no era algo tan complejo. Hasta que por suerte, el albañil, con el que ya había trabajado previamente, me entendió, les dijo cuatro palabras rápidas a todos y todos lo entendieron, y salió todo genial. Cuan difícil resulta en ocasiones expresarse, y que complejo resulta comunicar. Y es que es una tarea ardua pero necesaria, pues si no conseguimos transmitir no conseguiremos desarrollar correctamente nuestro trabajo, al fin y al cabo somos los coordinadores en obra de un montón de oficios y artes, los que le explicamos al promotor en qué se está gastando el dinero y por qué de ese modo y no de otro, y por ello resulta tan necesaria la comunicación.

Por todo lo explicado, resulta de extrema necesidad comunicar, y es una labor en la que no debemos de cejar en el empeño, pero es una tarea en la que no podemos ir solos, pues requerimos del apoyo institucional que nos aporta el colegio, que debe ser un autentico colectivo de divulgación de una profesión inserta en la sociedad, abierto a los profanos en arquitectura, que no sólo sirva de apoyo al profesional, si que no que sea un organismo abierto y de divulgación a nivel exterior, pues al final resulta que el colegio de arquitectos acaba siendo un espacio de arquitectos, hecho por arquitectos, para arquitectos, compuesto por arquitectos, y en donde la mayor frescura la aportan los administrativos que allí trabajan haciendo papeleo y facturas, y esto no ayuda a todo lo que necesitamos y hemos descrito.

La Legislación

Concretando en el caso español, vivimos en la sociedad de la burocracia, en la sociedad de la reglamentación constante, legislar todo lo legislable y lo no legislable también, incluso se legisla lo ya legislado, bajo la muletilla de, en caso de existir dos normas, se aplicará la más restrictiva. Resulta en ocasiones improductivo, un freno burocrático donde encalla cualquier proyecto, en lo farragoso de las normativas de un estado sobredimensionado, con casi más funcionarios que trabajadores del sector privado, y con más políticos que los que hay en países más grandes y con más población que España. Y al final, resulta que para justificar su existencia y crear sus pequeñas parcelitas de poder, cada administración tiene que hacer su propia legislación, en materia de sanidad, de educación, económica, fiscal, etcétera, de la que la construcción y la arquitectura no se escapan. Se puede observar como existen normas a nivel urbano, a nivel supra urbano, a nivel no urbano, todas ellas englobadas en el organismo y en la ordenación del territorio. Existen normas estatales, autonómicas, mancomunadas, y locales para regular el cómo se ejecutan las obras, o qué forma deben de tener. Esto en muchas ocasiones es desconcertante, pues un proyecto y otro proyecto, ambos en la misma calle, uno a un lado del vial y el otro al otro lado, tienen distintas normas a seguir. Estas situaciones consiguen generar controversia, y que el pensamiento sea que se ha regulado en base a un criterio nulo, o viciado, sin seguir un estándar o una base argumental sólida.

Resulta tremendamente difícil explicar a un cliente, por qué un vecino puede hacer algo que él no puede hacer.

Esta reflexión encauza hacia una cuestión no poco pensada y analizada en el tiempo por los arquitectos, pues la observación de otros países hace ver que la arquitectura que se produce, por ser más libre, es mejor y más coherente, permite la adecuación al entorno, a las necesidades del mercado, sin que las obras tengan tanto coste debido al factor suelo, es decir, al coste ingente que tiene un solar. La cuestión es, ¿debería ser libre el suelo?, si bien es cierto que, cuando en España una persona se plantea construir, debe de tener en cuenta que sobre el desembolso total, el suelo le va a suponer entre un 30% y un 50%. Empezamos a ver el problema desde el inicio, pues si finalmente la vivienda, acaba por resultar entre un tercio y la mitad del coste, tal vez resulte que las construcciones no son el problema, pero sí lo sean los precios de los suelos. Y no es una cuestión baladí ésta, pues hay factores y argumentos encontrados entre el sí y el no, aunque como siempre, pienso que en el equilibrio está la virtud.

Es un auténtico problema para la profesión que el suelo tenga un coste tan alto, porque muchos clientes descartan de facto el querer construir por el simple hecho de tener que desembolsar tanto dinero en un suelo urbano, teniendo en cuenta como suelo urbano aquel en el que se puede construir. Y cabe distinguir los tipos de suelo que las diferentes normas estatales y autonómicas definen y qué permite cada uno de ellos. El suelo urbano será aquel en el que se puede construir, simple y llanamente, por estar inserto en un entorno urbano, dentro de un núcleo de población y contar con los servicios e infraestructuras que se le exigen a una edificación, tales como acera, acceso rodado y pavimentado, alcantarillado, agua y electricidad. Resulta muy confusa para el profano en arquitectura la distinción entre suelo urbano y suelo urbanizable. El suelo urbanizable no permite la construcción en él, pues resulta inserto en un sector, compuesto por una agregación de suelos urbanizables (varios propietarios de suelos urbanizables), sobre los que falta por ejecutar los servicios de una manera ordenada y pautada por las administraciones y los agentes urbanizadores, una vez se transforme ese suelo de urbanizable a urbano, desarrollando las calles, instalaciones, farolas, zonas verdes, y demás infraestructuras, y habiendo sufragado todos esos costes, ese suelo pasará a ser urbano y se permitirá la construcción sobre él. Tras estos dos suelos, los "privilegiados" están el resto, los No Urbanizables o Rústicos (según la normativa que los contenga), entendidos como tales todos aquellos en los que no se puede construir salvo por pequeñas excepciones.

El problema principal que provoca esta distinción es el agravio comparativo que supone que llegados a un cierto límite urbano, un terreno frente a otro, con escasos metros de separación entre ambos, uno tiene un valor diez, veinte, treinta o cien veces mayor que el homónimo. Esta distinción provoca situaciones fácilmente viciables, pues quien decide dónde acaba la zona "buena" y dónde empieza la "mala", debe argumentar muy concienzudamente el por qué de su decisión, generándose en muchas ocasiones argumentos más próximos al interés económico que al interés real de la sociedad.

Resulta coherente, pues somos una sociedad ordenadora, con profundas necesidades de orden sobre las cosas, seguir una cierta ordenación, ya que de este modo se consigue ser más eficientes al trabajar en sociedad por un objetivo común. Si la ordenación urbana se realiza como se realiza es para que las infraestructuras, los servicios y demás inversiones públicas/privadas sirvan al mayor número de usuarios, y no es algo que carezca de importancia, pues debemos de tener como premisa la máxima eficiencia. En definitiva, damos por hecho que el suelo resulta un problema.

Cabe pensar cómo se hace en otras sociedades desarrolladas, y es que el modelo urbanístico español, resulta ser de los más restrictivos no sólo de Europa, sino del mundo en general. En otros países, se permite la libre construcción en los suelos propios, y únicamente se prohíbe la construcción en las zonas protegidas, como por ejemplo las Reservas Naturales o zonas de peligro público. Los beneficios de esta libertad son obvios, pues si no se generan grandes diferenciales entre suelos buenos y malos, y son todos suelos normales, lo que se consigue es que el suelo deje de ser relevante por el mero hecho de la ordenación, tendrá otros factores que lo determinen como bueno o malo (orografía, resistencia, desniveles, composición, vistas, cercanía a lugares apreciados por las personas, presencia de agua…) pero no será más o menos caro o barato por que uno o varios hombres hayan decidido que en él se puede o no construir. Pero por el contrario, lo que se provoca es la menor eficiencia, pues si se decide construir lejos de la urbe, hay que hacer una carretera única y exclusivamente para esa edificación, hay que llevar instalaciones sólo para esa o esas viviendas, y además los usuarios querrán que vengan a recogerles las basuras, les llegue el correo, y querrán gozar de todos los servicios que cualquier otro habitante tiene. Evidentemente, o no, quien decida construir de este modo, debería costear todos esos servicios, pues ha sido bajo su riesgo y ventura, la decisión de edificar donde la ha apetecido. No obstante, a pesar de que quien quiera pueda pagar esos servicios, hay que pensar en clave de eficiencia, pues aunque se pueda pagar y se pague, ¿no sería bueno plantearse si se puede evitar ese gasto, haciéndolo común?. Como en el anterior caso, pros y contras, la virtud nuevamente estará en el equilibrio.

Pero este segundo caso, provoca algo muy bueno en la arquitectura, pues al ahorrar en costes de suelos, al estar en un emplazamiento único, con mayor o menor grado de antropización, lo que se consigue es poder destinar todos los esfuerzos a un mejor proyecto arquitectónico, que además estará menos condicionado por las sucesivas normas urbanísticas, que en ocasiones resultan tan farragosas que degeneran el proyecto arquitectónico.

En lo que respecta a los emplazamientos, cabe destacar la diferencia con la situación y la confusión que se suele generar entre ambos conceptos. El emplazamiento es todo aquello que condiciona a nivel de entorno al proyecto arquitectónico, mientras que la situación será el lugar geográfico en el que se inserta el proyecto. Y nada mejor que un ejemplo para explicar esto. Un proyecto se puede insertar en Casas del Cerro, una pequeña pedanía de Alcalá del Júcar (Albacete – Castilla la Mancha – España), ese será su lugar geográfico, su situación, y donde cualquiera encuentre el proyecto edificado. Pero la diferenciación con el emplazamiento será lo que le aporte a la parcela, el valor añadido externo o interno. Contará con un suelo de alta resistencia para edificar unos fuertes cimientos gracias a una veta de piedra caliza o a un suelo muy cohesivo y resistente, contará además con una buena gente, cordial y amable, como vecinos. Además tendrá unas vistas privilegiadas sobre uno de los Pueblos Bonitos de España, y estará inserto en una zona natural donde te despiertan los pájaros cantando por las mañanas. Todo ello, es y configura el emplazamiento de un proyecto arquitectónico, por lo que la importancia del emplazamiento es crucial y debe de imbuir de manera flagrante al proyecto desde su génesis, aprovechando al máximo en el desarrollo del mismo lo que el emplazamiento, le puede aportar.

Pero volviendo al tema legislativo, y tras esta aclaración, es necesaria la reflexión sobre si resulta congruente, o no, que existan tantas y tantas legislaciones urbanas sin seguir un patrón o un diseño establecido. Pues aunque es fácil de entender que no puede seguir el mismo patrón de crecimiento o regeneración urbana una ciudad de un millón de habitantes y una pequeña población de cien personas, sí que es necesario revisar las normas sobre normas, entendiéndose éstas como las dobles legislaciones sobre un mismo tema. Es recurrente, debido a la magnificencia del estado español, que existan varias administraciones con los mismos cometidos, por lo megalómano que resulta el sistema funcionarial, ampliamente sobredimensionado pero no siempre eficiente o eficaz. Por hacerlo sencillo, explicar que, en ocasiones hay una norma que te dice que hagas un proyecto de tres plantas y otra norma que te dice que hagas cinco. Esto no es del todo así, pero resulta muy fácil de entender. En tal caso, el funcionario de turno te dirá que hagas caso a la más restrictiva. Pero debería de repensarse un poco el tema, desde el mismo seno de la administración pública, pues si se ha llegado a una doble legislación sobre un tema, cabe pensar que se está siendo poco eficiente, y se están aprovechando muy mal los recursos impositivos que destinan los contribuyentes. Y es que al final, los que dan la cara frente al inversor, frente a la familia que quiere hacer su casa, o frente al empresario que quiere hacer un edificio de oficinas, es el arquitecto, y no resulta nada fácil explicar a quien está dispuesto a gastar una fuerte suma de dinero por qué el de enfrente puede hacer cinco plantas, y él tiene que hacer sólo tres. Es de extrema necesidad que las administraciones se adecúen a las necesidades de los usuarios, de los clientes en definitiva, que se hagan cada vez más eficientes, y que no justifiquen su existencia por el mero hecho de existir, legislando por duplicado, generando confusión y una gran sensación de desprotección al usuario frente a los organismos públicos, frente a los que resulta muy difícil discutir, y a los que resulta casi imposible hacer entrar en razón.

Hay que destacar, y se debe de tener en cuenta, que la legislación existe, y debe de existir en su justa medida, pues los seres humanos por nuestra condición de imperfectos necesitamos leyes. La crítica que desde este texto se lanza es el exceso de leyes y la superposición que puede existir entre ellas, debiéndose revisar y repensar todas ellas, para ver si se pueden aplicar de una mejor forma, más eficiente y eficaz, y que no asusten a los inversores. Pero legislación en definitiva, debemos de tener en cuenta que existe y es una premisa de proyecto, que puede venir muy bien en ocasiones para orientar sobre lo que debe y puede ser un proyecto, además de marcar un nuevo reto al proyectista para exprimir al máximo lo que el emplazamiento pueda dar de sí. Aunque bien es cierto que, en ocasiones, las normativas tan rigurosas y excesivas, acaban por desvirtuar las buenas ideas, materializadas en malos proyectos por lo complejo que pueda resultar el cumplimiento de tantos y tantos ítems de normas y más normas.

Las diversas legislaciones abogan por la conservación de las preexistencias, la conservación de los centros históricos y los sucesivos crecimientos de las ciudades, de manera que se pueda ir observando la historia de la ciudad mediante las consiguientes capas de la población. Es necesaria ésta conservación, pues aunque las edificaciones queden obsoletas, y ya no sean siquiera adaptables a las necesidades actuales de la sociedad, por su carácter histórico o su relevancia en tiempo pasado el edificio pasa a ser un monumento más de la ciudad, lo que requiere una adaptación, como monumento, como fachada de la ciudad en la que se encuentra inserto. La buena arquitectura de ayer merece un respeto y es algo que construye ciudad, de igual forma que constituye la ciudad sus gentes, sus plazas y parques, sus infraestructuras y sus monumentos. Pero entramos nuevamente en una dicotomía marcada, al preguntarnos qué arquitectura es más importante, la pasado o la presente, pues ambas tienen sus valores propios. La buena arquitectura pasada, cuenta con el valor de haber sido una buena arquitectura, con el valor histórico, con el valor de la antigüedad, y con otros ciertos valores que la dotan de un carácter propio y asentado. Sin embargo, la nueva buena arquitectura, tiene otros valores de los que carece la antigua buena arquitectura, como por ejemplo, el valor de respuesta a las necesidades actuales, el valor de lo nuevo, el valor de la eficiencia, el valor de los materiales actuales, y otra serie de valores con las que la antigua no cuenta. De manera que cabe preguntarse, entre mantener una buena antigua arquitectura y derribarla para dejar paso a una buena nueva arquitectura, ¿qué prevalece?. El arquitecto Le Corbusier llegó a plantear en su día derribar de manera íntegra el centro de París, para hacer nueva buena arquitectura, ¡menuda locura!, y eso que era un grande de su época. La conclusión es sencilla, al final de lo que estamos hablando es de buena arquitectura, nueva y vieja, pero buena en definitiva, entre una mala antigua arquitectura y una buena, debemos derribar esa obsoleta e innecesaria construcción para abrir paso a una nueva y buena, pero la buena antigua arquitectura nunca deberá ser derribada, por muy buena que sea la que venga. La nueva buena arquitectura debe de tener lugares de emplazamiento, en los centros de las ciudades o donde sea, pues no todo dentro de los centros de las ciudades merece ser conservado por el mero hecho de ser antiguo, y es donde muchos planeamientos urbanísticos fallan, al dar valor por el simple hecho de ser antiguo. Como ejemplo recurrente y sencillo, un símil con la cocina, entre un buen plato tradicional y un buen plato de nueva cocina, cabe pensar cual preferimos, y es que en definitiva estamos hablando de buena y buena cocina, nos comeríamos los dos, el antiguo nos aportaría solera, tradición y el ser una receta depurada, y el nuevo traería nuevos sabores, texturas y contrastes, nunca cambiaríamos un buen nuevo plato por un antiguo plato con exceso de sal, de igual forma que nunca nos comeríamos un soso plato de nueva cocina en detrimento de probar uno bueno de cocina tradicional. Existe la buena y la mala cocina, de igual forma que existe la buena y la mala arquitectura, lo bueno es lo que tiene valor.

Los Ayuntamientos

Y es que al final, la canalización de todas las legislaciones que imperan sobre un proyecto de arquitectura emergen en la figura de las complejas secciones técnicas y de urbanismo de los distintos Ayuntamientos de España, es ahí donde se piden los diferentes permisos y licencias, y donde a través de ellos se piden los demás permisos y licencias a otras instancias de carácter superior, siendo al final de todo el trámite, tras múltiples informes, de técnicos, de secretarios, de administrativos y del mismísimo Rey si fuese necesario, cuando la junta local, o simple y llanamente el alcalde de turno, firma el ansiado permiso para poder empezar a obrar ese proyecto, obviamente previo paso por caja, pues todo este proceso cuesta un dinero, que en efecto tiene que abonar el maltratado cliente.

Parece una visión excesivamente pesimista de los Ayuntamientos, y no sin razón, pues siendo la administración mal llamada de cercanía, en ocasiones parece ser la más alejada y la más déspota de todas. Si bien es cierto que, como en todos los ámbitos de la vida los hay mejores o peores, buenos y malos, diremos en este caso que los hay malos y menos malos. Pues se puede observar que el problema reside en la comodidad del trabajo, y es que resulta que en España, el funcionariado (por norma casi general), dando igual la producción que genere, o la calidad de dicha producción, tiene su silla asegurada, y por muy nefasto que seas en tu trabajo, tal vez sólo puedas ser cesado en tus labores cometiendo tal aberración como la de quemar el edificio, o matar a alguien, mientras no hagan nada de eso, seguirán en la poltrona, corriendo más o menos, siendo más o menos eficientes, y eficaces según les plazca, olvidando que, con los impuestos del sector privado, el sector que genera riqueza, se pagan los sueldos que cobran, y que cuanto más participativos sean ellos, más fácil se le pone a quien paga los impuestos. No se debe de entender esta crítica de forma que se malinterprete que los Ayuntamientos, o cualquier organismo público, deba de poner una alfombra roja a cualquiera que allí acuda, y se ponga una venda en los ojos sin ni siquiera analizar qué es lo que están autorizando, no se trata de eso. Se trata de la eficiencia, ya no sólo la eficiencia, cabe conformarse con la eficacia, y con la facilidad que ofrezcan, hacer cómodo lo que en ocasiones resulta complejo. Es muy habitual que para iniciar una obra, requieras de un permiso, que a su vez requiere de otro permiso, que a su vez requiere de uno de otro organismo superior, alargando de este modo los plazos y llegando a paralizar la economía local y esto no puede ser, pues si cada día vivimos más en la sociedad de la inmediatez, lo que requieren las administraciones públicas es una revisión sobre su funcionamiento. Cabe admitir que generalmente, estos atasques están motivados por la carga de trabajo que los técnicos y funcionarios públicos tienen, pero si bien es cierto que, resulta recurrente acudir a quejarte y observar como se toman su hora diaria para almorzar, o se comentan entre compañeros de manera soslayada sus vivencias del pasado fin de semana y eso, como usuario que está a la espera de un permiso para poder invertir o como técnico, para poder trabajar, puede llegar a sacar de quicio. No se puede admitir que un permiso para obrar tarde quince meses, como es el caso de algunos municipios, es algo intolerable, que requiere de una revisión en profundidad por parte del mismo seno de la administración pública.

Se acaba por generar la creencia de que existen buenos y malos Ayuntamientos, pues al final es muy socorrido el comentario sobre lo duros o menos duros que son los departamentos de urbanismo de una u otra localidad. Resulta triste, pues al final lo que esto provoca es que la inversión se marche de un sitio para irse a otro, como si a cualquier municipio le sobrase que una nueva familia se implante en el pueblo (pagando tasas de obra, licencias, nuevos IBIs, consumiendo allí, llenando sus escuelas...), que una nueva fábrica llegue para generar puestos de trabajo, que un local abra sus puertas o que una empresa decida generar un nuevo barrio. Todo ello genera riqueza en los pueblos y ciudades, y no se puede permitir que los Ayuntamientos rehúyan la inversión, pues en definitiva hablamos de puestos de trabajo, de dinero, de bienes y servicios para las personas. Llega a parecer que el nivel de empatía que adquieren los técnicos municipales, los funcionarios, o los mismísimos concejales y/o alcalde, es nulo, importando únicamente el problema a éstos últimos en periodos electorales. No hay que olvidar que en definitiva hablamos de personas, de familias, que con ilusión quieren abrir un negocio, promotores que invierten y arriesgan su dinero o simple y llanamente familias que quieren construir el hogar con el que tanto tiempo llevan soñando y tanto esfuerzo les ha requerido. Son actividades que transforman el municipio y que con mayor o menor acierto generalmente suelen ser buenas, pues generan riqueza, movimiento de dinero, nuevos usuarios, potencian el consumo, gracias al riesgo que alguien está dispuesto a asumir.

Verdaderamente trataremos de dar una visión positiva, pero resulta tremendamente complejo, entendamos que al final todos los permisos de las múltiples legislaciones que existen y se solapan en ocasiones, acaban por canalizarse en el Ayuntamiento, pues con él se acaba por pagar la frustración, ya que ésta es la administración "cercana". Pero la cercanía en ocasiones resulta tremendamente viciable, y lo que debería ser transparente como el agua, acaba por ser más opaco que el fondo marino, y más turbio que el rio Ganges. Resulta común que, con esa ínfula de grandeza que puede generar el poder sobre la gestión del municipio, éstos se conviertan en entidades con una cierta tendencia a lo caciquil, generándose pequeños cortijos de poder de técnicos, amiguetes de dichos técnicos a los que se les da prioridad, o incluso de los mismísimos concejales y alcaldes. No es posible que lo que al vecino del número cinco de la calle Mayor se le consiente, no se le admita al del número tres de la misma calle, no es posible ni se debe de admitir que el trámite que al vecino del número cinco le cuesta dos meses, al del número tres le cueste siete. Las administraciones deben de ser públicas, en el amplio sentido de la palabra, en ellas debe de quedar todo por escrito y grabado, y se debe de justificar de manera muy concienzuda el interés común de las decisiones que se toman. Si bien es cierto que, llevamos unos años de tendencia favorable, y cabe destacarlo, aún queda mucho trabajo por realizar en materia de trasparencia, pero sobre todo a nivel de gestión, que al menos sea fácil y eficaz, para luego dar el salto a la eficiencia.

Pero como en todo, en el equilibrio, nuevamente, está la virtud. Pues resulta cada vez más habitual contemplar administraciones que no hablan por no molestar. Si venimos de un periodo de excesiva turbidez, donde los técnicos, funcionarios, concejales y alcaldes eran entes a "visitar", con afán de engrasar los complejos procesos de concesión de licencias, ahora parece que vivimos el defecto tras haber atravesado el exceso. Pues resulta un hecho muy común, y cada vez se observa más a menudo, que la administración no toma las decisiones para las que tiene autoridad única y exclusivamente ella. Parece que los técnicos, funcionarios y corporaciones municipales declinan tomar decisiones, para no poderse equivocar. Normalicemos la equivocación, pues si es sin dolo no es delito, pero no tengamos administraciones con más miedo que once viejas, miedo latente a tomar decisiones que sólo ellos pueden tomar, para que nadie, oposición y conciudadanos, puedan decirles nada, pasando totalmente desapercibidos, pues no están para eso. La administración y en este caso los Ayuntamientos, como cabeza del municipio, deben de tomar decisiones, serán menos o más acertadas y ello será lo que genere el sano debate político, pero no pueden cesar la toma de dichas decisiones por incomparecencia. Con qué objetivo, el de no poder ser tachados de corruptos, el de no poder ser señalados como errantes, o que las decisiones por exceso o defecto les hagan perder votos, y que una decisión mal tomada les haga acabar entre rejas como a sus homólogos pasados. Distingamos el dolo de los errores, cuando se está en cabeza, los errores afectan a todos los que empujan por detrás, pero no por ello se debe de tener miedo a las decisiones que se tomen, pues la estaticidad no es el camino, y no tomar decisiones, provoca no avanzar, frenando el progreso.

El Cliente

Resulta recurrente pensar en el cliente de un arquitecto como aquella persona, o más bien aquella agregación de personas (pues casi nunca se hace un proyecto unipersonal), que quiere hacerse una casa. Familia que quiere una casa, acude a un arquitecto para desarrollar el proyecto, buscan un constructor que lo construya y lo llevan a cabo. Es una síntesis sencilla pero no siempre es así. Existen multitud de clientes y tipos de encargo que se puedan realizar a un arquitecto, pues la capacitación que da el oficio de arquitecto abarca un amplio rango de quehaceres. En tal caso, cabe distinguir bien entre el cliente que quiere ejecutar su proyecto, o el cliente que quiere desarrollar un producto. El primero de ellos, es el descrito inicialmente, una unidad familiar, una pareja, una empresa, unos amigos, un colectivo, que quieren construir su casa, ampliar la que ya tienen, desean hacerse una piscina, un proyecto de interiorismo y reforma, un nuevo negocio o una nueva sede, y para ello acuden a un arquitecto, quien realizará una gran tarea de desarrollo de ideas, conjuntamente con el cliente, filtrando y depurando las necesidades y las ideas del cliente, como es obvio, para finalmente obtener el manual de instrucciones para la ejecución de esa idea en forma de proyecto, este es el cliente con un objetivo propio, de disfrute personal. Cabe distinguirlo del cliente empresario, alejado de aquel que quiere montar su negocio, ampliarlo o construir una nueva sede, sino que lo que pretende es, muy loablemente hacer negocio con la arquitectura, es el cliente que llamaremos promotor inmobiliario, aquel que gestiona recursos propios o ajenos como inversión, para la creación de un producto arquitectónico para sacarlo al mercado y poder venderlo. En tal caso, se efectúa ese *feedback* nuevamente, al igual con el cliente finalista, para discutir, debatir, analizar el mercado y de ese modo, depurar ideas propias del arquitecto o aportadas por el promotor, para tras su cribado y procesado, obtener un producto, en forma generalmente de viviendas, adosadas, pareadas, aisladas o en bloque, que serán puestas a la venta para, si todo va bien, hacer negocio y obtener beneficio tras la venta de ese producto demandado por el mercado.

Y merece la pena pararse a analizar este concepto, producto, pues finalmente lo que generamos, tanto arquitectos como cualquier otra profesión son productos. Serán de una u otra índole, alimentarios, objetos, servicios, incluso viviendas, pero productos al fin y al cabo. Es decir, no debemos de perder el norte a la hora de diseñar, y pensar siempre que vivimos en una economía de mercado basada en las necesidades de consumidores, con una serie de gustos e inquietudes. Una opción siempre será hacer los churros que todo el mundo sabe que se venden, y es muy lícito, pues si la gente lo quiere, siempre habrá alguien que quiera cubrir esa necesidad, pero también es muy socorrido, el ofrecer algo totalmente distinto, explicar y defender por qué es mejor que los churros, pues al fin y al cabo el consumidor suele ser alguien que no tiene por qué saber qué compra. La labor de marketing es fundamental, pues de nada sirve hacer el mejor de los proyectos si no somos capaces de explicarlo y vender sus bondades frente a otros.

El consumidor no tiene por qué saber de arquitectura, aunque si bien es cierto que sería una muy buena formación de base al menos conocer algo de ella en la formación básica que se ofrece en colegios e institutos, de igual forma que se enseña arte, música o filosofía. El consumidor no tiene por qué saber, lo repetimos, pues es el cometido del arquitecto aportarle luz, guiarle, ser su amigo en el proceso, que generalmente supone un fuerte desembolso, el arquitecto es quien debe mirar por él, pues al fin y al cabo acude a nosotros y deposita su confianza en nosotros, y confianza es lo que se le debe de dar.

El cliente llega cargado de ideas, es algo normal, pues supone una gran ilusión para cualquier persona iniciar un proceso de ejecución de proyectos, no existen ideas malas, sino malas ejecuciones, pues generalmente el caos que les puede provocar el hecho de pensar en la fuerte inversión que suele requerir, unido a las múltiples influencias de las que se ve rodeado el usuario, familia, amigos, fotos y más fotos de internet y redes sociales, acaban por suponer un compendio de ideas sin demasiado criterio y con un orden relativo. Lo que requieren dichas ideas es un análisis, un orden y un criterio definidos y tras un cribado y filtrado, tras aportar un cierto orden, escoger un camino sobre el que actuar. El cliente llega a nosotros, con unas doscientas imágenes que ha visto en Pinterest o cualquier otra de la red de redes. Son imágenes de proyectos preciosos, de fantásticos salones, de patios y piscinas de revista y de revista han salido esas imágenes, así como fotos y más fotos de materiales, espacios, escaleras, ventanas y de cada uno de los rincones de una casa. Y no es una mala práctica, pues es lo más gráfico para el arquitecto, ya que es un compendio de cosas que le gustan al cliente, y como vale más una imagen que mil palabras es una gran manera de conocer a un cliente al que acabamos de conocer. No obstante, siempre será de muy buena praxis realizar una tarea previa de explicación, basada en la palabra, en un resumen, en una historia que narre cómo se ven viviendo en ese espacio, cómo imaginan su día de trabajo en ese proyecto de nuevo negocio o cómo van a utilizar ese patio, ese cobertizo o ese piso a reformar. Pero ese gran compendio de fotos e imágenes de todo tipo, requieren un cribado como hemos comentado, pues son un reflejo de una idea, cada proyecto es una idea construida, y si juntamos diez fotos de diez proyectos, serán diez fotos de diez ideas construidas, con lo que si lo juntamos todo, lo que tendremos será un infumable proyecto que por excesivo eclecticismo, resultará cansino y agotador. Lo que mal empieza mal acaba, pues una idea mal desarrollada, un compendio de ideas que juntas no tienen sentido alguno se acaba por reflejar no sólo en una estética o en lo formal, afecta a la obra y al acabado también por hacer complejo lo que debería ser sencillo. Por tanto, será misión del arquitecto establecer la idea de proyecto, basada en todas esas fotos de las innumerables redes sociales, otras revistas, textos, explicaciones, materiales y demás medios de comunicación que nos traigan, pero esa idea será una, única y propia para el proyecto, y se deberá ir materializando en el proyecto para que éste no parezca un pastiche de ideas, rococó, monumento al exceso y anacrónico a su tiempo.

Bien es cierto que se pueden hacer malos proyectos, todos los hemos hecho, pero habrán sido influidos por un mal cliente. No debemos de olvidar nunca la premisa de que "quien paga manda", las decisiones siempre se le deben de comunicar al cliente, estamos a su servicio y les ofrecemos nuestra vasta formación y conocimiento para que su proyecto sea el mejor, pues deposita en nosotros su confianza y no debemos de realizar un mal trabajo en ningún sentido. Pero si bien es cierto que el buen cliente se dejará asesorar y escuchará lo que el arquitecto tenga que contarle, pues para eso le paga, para que le diga lo que le gusta y lo que no le gusta, y será cuando le diga algo que no le gusta cuando más deba de escucharle. Resulta que en muchos casos todo el mundo sabe de obras, todo el mundo sabe de arquitectura y leyes, todo el mundo sabe de todo, y ese cuñadismo recargante acaba por no dejar fluir la relación arquitecto / cliente, tensando las relaciones y haciendo que el producto que uno define y el otro paga acabe por ser un auténtico caos, por ininteligible. En tal caso, como arquitecto, pienso que se debe de dar paso, irremediablemente, a esas malas decisiones, o renunciar al proyecto, pero hay que vivir y esta segunda resulta muy compleja, así que si optamos por la primera, se le dejará claro al cliente que no se está de acuerdo con dicha decisión, pero que finalmente la decisión recae sobre él como pagador y si es posible, que quede por escrito, pues tarde o temprano se acabará dando cuenta de su necedad, y con su misma necedad, probablemente, acabará por decir que la culpa fue del arquitecto.

El cliente tiende en muchos casos a la obcecación, pero el mal arquitecto tampoco se queda atrás. Esa mezcla de ideas que trae preconcebidas en su cabeza, basada en fotos que han visto, no tienen por que combinar bien, basándonos en criterios formales, estéticos, constructivos o de cualquier otra índole. Es como un buen plato de cocina, el proyecto terminado es un plato de alta cocina. No todos los ingredientes casan bien entre ellos, no todos los productos admiten unos tratamientos u otros, hay texturas que no se deben de mezclar con otras, o sabores que no pueden estar en consonancia con la idea inicial del plato. Pues un plato de alta cocina es una idea plasmada, a menor escala que una obra, pero no por ello con menor relevancia, pues resulta un producto de suma exquisitez y sutileza por resultar una idea definida en tan poco espacio. Es decir, mezclar ideas, texturas a lo loco, materiales sin equilibrio y sin criterio, no tiene por que salir mal, resulta que las anchoas y la leche condensada, están sorprendentemente buenas, pero no será lo más habitual, pues por lo general esa falta de criterio compositivo a la hora de desarrollar las ideas, tiende al desastre, pues como hemos dicho, no hay malas ideas, sino malos desarrollos de éstas. El chef se encarga del desarrollo de buenas ideas a nivel culinario, sabrá como conjuntar los ingredientes, sabrá qué tratamientos darles para obtener las texturas deseadas, como introducir un producto en un plato, en una idea, explotará al máximo el proyecto de plato, sacando todo su potencial, con los recursos de los que dispone, el "archichef" debe de hacer lo mismo en su campo.

Un arquitecto es un gestor de recursos. Siempre deberá optimizar al máximo el proyecto, para que lo que quiere el cliente se materialice de la mejor forma posible con los recursos de los que éste dispone, tanto en superficie como en economía, pues cabe destacar que posiblemente, si los recursos fuesen ilimitados, la profesión de arquitecto perdería mucho peso por resultar menos relevante. Como muestra un claro ejemplo, si como arquitectos, nos llega un cliente que quiere una casa de quinientos metros cuadrados, grifos de oro, escaleras de plata, y puertas de bronce, y cuenta con un solar de cuarenta metros cuadrados, y escasamente va a disponer de cien mil euros para la obra, como buenos arquitectos nuestra tarea será la de encauzar y canalizar las ansias del cliente, explicarle el por qué no se puede hacer lo que quiere con los metros cuadrados de los que dispone, y con el dinero que tiene o le prestan, pero se le tratará de explicar todo de forma concisa, pues debemos de ser muy pedagogos en nuestra tarea, no olvidemos que acuden a nosotros sin tener por qué saber nada sobre arquitectura o construcción. Para que entienda y reflexione, se le deberá ofrecer una alternativa, que persiga sus anhelos, pero con la base de los recursos con los que éste cuenta, y alcanzar esa buena idea, ese buen proyecto, con los recursos adecuados.

Un proyecto nace de la ilusión, nadie empieza un proyecto con desgana y apatía, pues resultaría un muy mal comienzo. Cuando proyectamos, cuando iniciamos un proyecto, hay un compendio de factores y partícipes, el arquitecto, el cliente, ya sea una familia, una empresa, o un promotor, a los que poco a poco se irán uniendo nuevos actores, como aparejadores, constructores, ayuntamientos, entidades públicas, bancos, suministradores de materiales, organismos de control externo y secundarios no menos importantes como albañiles, fontaneros, electricistas, y así un largo etcétera de oficios. Todos ellos forman el equipo que va a llevar a cabo el proyecto, por todos ellos va a pasar la idea, esa idea del cliente o del arquitecto, que está inicialmente en sus cabezas, y a la que se le debe dar forma para que sea comprendida por todos y cada uno de los participantes en el proceso constructivo. Es un proceso a menudo largo, pesado y farragoso por lo burocrático que lo hacen las múltiples normas que existen en España. Por eso me gusta avisar a mis clientes, "empezad con ilusión, con mucha ilusión, porque tendremos días en los que nos querremos matar", pero esto es sólo parte del proceso, pues así, con altos y bajos, es como se lleva una relación, pero siempre con ilusión, cuidando las relaciones y pensando en un objetivo común, el proyecto, de igual forma que en una relación de pareja. Cuando empieza el noviazgo, todo es ilusión, y si no es así, es que no merece la pena de inicio. La relación de pareja empieza en lo más alto, con el objetivo claro de lo que une a ambos cónyuges, un proyecto en conjunto, el amor como idea, y será cómo se materialice dicho amor lo que determine el éxito de dicha relación. La pareja puede tener altibajos, pero empezó con ilusión, sabiendo que esos momentos llegarían, pero si se trabaja con ilusión, día a día, se consigue un magnífico proyecto, ¿de qué hablábamos? ¡ah! sí, de arquitectura.

El cliente siempre quiere construir, todos queremos construir, todos pensamos en comprarnos ese piso, en abrir un negocio, en hacernos una casa, y cuando lo tenemos, ya no nos hace felices ¿o sí?, pensamos afanosos en tener un piso más grande, un negocio mejor, o una casa más bonita. Y es algo antropológico, lo llevamos grabado a fuego en nuestro más profundo ser, es cuasi genético, querer más y mejor, cada día y con cada cosa, desde nuestros ancestros hasta el día de hoy.

Aunque sí que se reconoce una tendencia, que parece iniciar un cambio de ciclo. Antes, clientes más mayores, siempre pedían y piden, a la hora de pensar en su proyecto, y durante su desarrollo, en como sacar superficie a todas las rendijas que la ley permita, mayor dimensión, mayor superficie, y por ende, mayor coste. Es ese afán irracional por querer cuanto más, mejor, pero sin un sentido claro. Porque de nada vale tener una casa de cuatro plantas, y cien metros cuadrados cada planta si tenemos la cocina en la planta baja y el salón en la más alta, es decir, más metros no siempre equivale a mejor. Se ejemplifica bien de la siguiente forma, es recurrente que muchos clientes pidan que a su vivienda, de tres o cuatro dormitorios, siendo ellos una pareja con dos hijos, a la hora de plantear cómo ejecutar la cubierta de la vivienda te pidan una buhardilla, acto seguido el proyectista, si es un buen proyectista debería preguntar, ¿es necesario hacer esa buhardilla?. Cabe preguntarse dicha cuestión desde muchos frentes, pues hacer una cubierta abuhardillada vale más dinero que una cubierta plana, por regla general, a nivel idea, puede ser que dicha cubierta inclinada desvirtúe la idea del proyecto, y a nivel funcional cabe tener en cuenta si esa pareja con sus dos hijos, esa familia de cuatro miembros, necesita esos metros cuadrados de más. En muchos, la mayoría, el buen proyectista les dirá que no merece la pena, pues la legislación únicamente permite un espacio en el que poco menos que habrá que entrar a gatas, y en muchas ocasiones, la mayoría, la respuesta de ellos será, no pasa nada, aunque sea para colocar un mueblecito chulo. Y entonces, es cuando el cliente debe reflexionar, y para ello escritos como este. No merece la pena generar superficie por el simple hecho de generarla, no merece la pena ni a nivel funcional, ni a nivel económico, ni a nivel formal generar un espacio infuncional, de mala cinestesia, caro, para colocar una mesita de noche y entrar a gatas a abrirla y cerrarla. El buen proyectista, será aquel que aporte racionalidad a los clientes, que de por si no deben de pensar dichos aspectos, el arquitecto, el buen arquitecto, será aquel que aporte luz, teniendo en cuenta que al fin y a la postre el cliente es el usuario final, y que quien paga manda, pero no por ello se deberá callar y acatar sin antes intentar hacer reflexionar, pues va implícito en el sueldo ser la luz que guíe al usuario, con los conocimientos que la profesión aporta, es eso lo que debe distinguir al arquitecto de otros partícipes del proceso constructivo, la base racional a las decisiones formales, funcionales y económicas. En contraposición, si que es cierto y se puede dar buena fe de ello, que es una costumbre obsoleta, y con tendencia a su desaparición, pues cada vez es más común encontrar al cliente abierto a ideas, a pensar mucho más allá y a dejarse asesorar por el arquitecto, como experto en el proceso de transformar la idea "casa" en el ente "casa". Tras varios años de exceso constructivo, de apogeo de obras, de transformar "ideas" (en muchos casos no se les puede llamar ni así) en "cosas", se ha podido observar como no todo lo hecho ha sido bueno, o ha cumplido lo que de ello se esperaba. Es más común cada vez encontrar matrimonios mayores, en viviendas de cuatro plantas o con siete dormitorios para ellos solos, o parejas con niños en pisos de cincuenta metros cuadrados y dos dormitorios, cabe reflexionar sobre esta sinrazón, y por qué merece la pena repensar el modelo de vivienda, analizando si más es mejor, que de hecho no lo es. Cada espacio se adecúa a un uso, a unas necesidades propias de cada situación vital, porque si la solución fuese hacer más y más y más metros cuadrados de edificación, la solución sería edificar el planeta entero, hasta el último metro cuadrado de suelo. Pero como es fácilmente comprensible, esto no es la solución a nada, no aporta, no hace felices a las personas. El Menos es Más del maestro Mies Van Der Rohe, comprimir la buena arquitectura llevándola al extremo de lo necesario, para ser feliz con lo mínimo indispensable en cada situación de nuestro ciclo vital.

El Constructor

El universo de la obra, o más acertadamente, la jungla de la obra, el primero por lo inmenso y lo grande que es por todo lo que el concepto obra abarca, y el segundo por el número de factores que existen, con los que discutir, pelear, donde se puede fallar y acertar pero nunca rendirse. La obra es un ente más del proceso constructivo, posiblemente el más visible, pues es el que todo el mundo, cualquiera que pase por la calle, puede ver. Es la materialización de la idea, ese proceso de transformación, de pasar de lo ideal a lo terrenal, a lo palpable, pero no es el inicio, ya sabemos que todo empieza mucho antes y no es la obra el comienzo del proceso. Resulta habitual que la gente que pasa por la calle, vecinos y curiosos, comenten: "acaban de empezar una obra" y con algo más que curiosidad, pregunten y se informen por el mero hecho de saber y conocer (y muy a menudo criticar), efectivamente la obra acaba de comenzar pero el proyecto posiblemente empezó a gestarse meses o años atrás, y tal vez nadie de los que pase por delante sea consciente del trabajo previo que esta obra lleva, pues finalmente lo que se acaba por ver y es constatable por cualquier mundano es la obra, por lo escandalosa que resulta, pues es un proceso que tanto por lento, como por rápido, por ruidoso o silencioso, o por bonita o fea, siempre está expuesta a los comentarios. Es cuando la idea empieza a insertarse en la sociedad en la que sí o sí vivirá, convivirá y de la que será partícipe.

Es en esta fase cuando entra en juego un factor determinante, el constructor o contratista, quien coordinará los medios humanos, técnicos y materiales, con el importantísimo apoyo del aparejador, para en tiempo y forma erguir el edificio, materializar la idea, acorde al proyecto, a ese manual de instrucciones de montaje, y por supuesto, sin incrementos en costes no previstos. Pues resulta éste un factor determinante, ya que no es tan raro encontrar en un mercado como éste, donde hay tanta competencia y en el que resulta tan complicado hacerse un hueco, una verdadera jungla como decíamos, constructores que maximizan beneficios o hacen ofertas increíblemente económicas en presupuesto, a costa de reducir calidades, de no ejecutar ciertas partidas, o engañar directamente a los promotores, con sobrecostes absurdos, con o sin justificación, pues una vez dentro de la obra, ya tiene que ser una situación insostenible para que éste sea expulsado.

La dirección facultativa, compuesta por aparejador y arquitecto son quienes deben de velar por los intereses del promotor, dado que en definitiva, aunque todo el mundo más o menos ha visto poner ladrillo sobre ladrillo y puede saber o haber oído algo sobre obras, y que además, cada promotor estará rodeado de cuatro o cinco (buenos o malos) consejeros, los promotores por lo general no tienen por qué saber de obras, pues de igual forma que cuando algo nos duele vamos al médico y nos fiamos a ciegas de lo que nos receta o prescribe, resulta muy adecuado fiarnos de lo que la dirección facultativa nos indique. Pero volviendo al ejemplo del médico, efectivamente el médico que nos suele tratar es comúnmente llamado "médico de familia", por su conocimiento general de todos los miembros de la familia, sus dolencias y recuperaciones, y sus hábitos de vida, ganándose éste la confianza de dicha familia, por lo que cualquier receta que haga será tomada como dogma a ciegas, sin preguntar mucho más que la posología. De igual forma se debe de proceder con los arquitectos, como médicos de los proyectos, y con los aparejadores, como enfermeros de éstos. Del mismo modo, la confianza no viene preestablecida, es algo que hay que ganarse y puedo afirmar en este momento que me llevo genial con todos mis clientes, dado que al final, en algo tan delicado como hacer emerger un proyecto, que requiere un verdadero esfuerzo económico para las personas, se precisa, sí o sí, del factor de la confianza. Esa confianza al final se va labrando desde el primer día que se establece la relación arquitecto / promotor, tanto en el trato, que debe de llegar a ser poco menos que de amistad, como en la solvencia que demuestre el técnico al promotor, tanto técnica, como de recursos proyectuales. Que al final, el promotor vea que el arquitecto es capaz de hacer fácil lo que puede parecer tremendamente difícil y complejo. Ahí es donde aparece la confianza, y recalcaremos que es tremendamente necesaria para los procesos proyectuales, pues al final son el arquitecto y el aparejador, las personas de confianza, de igual forma que nadie tiene por qué saber de medicina cuando está enfermo, ningún promotor tiene por qué saber de proyectos, de obras, o de absolutamente nada relacionado con la obra, dado que es cometido del arquitecto, y con el apoyo del aparejador, el dar los conocimientos necesarios, siendo éstos quienes velen por sus intereses frente a constructores, con o sin escrúpulos.

Como ya defendíamos en Arquitectura para No Arquitectos, resulta una costumbre más que asentada en España, pero no por ello nociva y errónea, el acudir directamente a un constructor cuando se pretende obrar, pues obrar sin proyectar suele ser un error en todos los sentidos. Nadie se pone a hacer una pared de ladrillos sin haber pensado primero para qué la está haciendo, ya que la obra requiere de un pensamiento previo, y es algo de tanta importancia que merece ser pensado y repensado, a poder ser, por un profesional como el arquitecto. Acudir directamente al constructor puede suponer un serio problema como promotores, nunca mejor traído, es como empezar la casa por el tejado. El constructor es especialista en poner ladrillos, pero no sabe o no tiene por qué saber, donde es adecuado ponerlos. Buscar un constructor directamente requiere ineludiblemente de la confianza, pues evidentemente existen muy buenos constructores, y podemos dar fe de ello. Y si es así y el constructor es un verdadero profesional, siempre recomendará al promotor, su cliente, una reconducción de ideas y éste le llevará ante un arquitecto, para que la casa se empiece por donde se debe de empezar. Nos dará una gran pista sobre la fiabilidad de un constructor ver si hace o no hace esto, pues el buen constructor sabe que es necesario proyectar el edificio previamente, saber donde y por qué se pondrá una pared, que técnicas constructivas se emplearan o qué dimensión tendrán las estructuras y cuando esto esté claro, todo se reflejará en este manual de instrucciones al que llamamos proyecto, con el que ahora sí, el constructor dará un precio, una estimación de plazos y en el que se apoyará para montar la idea, para montar el edificio.

Pero como ya hemos comentado, finalmente el arquitecto es un gestor de recursos, dado que de nada vale preparar una idea y proyectarla, si esta idea va a suponer un coste de varios millones de euros si el presupuesto de nuestro cliente es diez veces inferior. Durante el proceso proyectual se requiere de manera muy necesaria la fijación de un presupuesto a conseguir, pues las decisiones en mayor o menor medida se deberán de tomar teniendo en cuenta cuánto podemos proponer gastar, de nada vale proponer poner grifos de oro, si el cliente sólo puede pagarlos de plata. Y no es nada íntimo o algo que deba de suponer vergüenza alguna, ya que cada uno sabe lo que se puede o no puede permitir, el buen arquitecto será aquel que con los recursos establecidos consiga emerger la idea del cliente / promotor. El constructor finalmente será quien coordine a todos los múltiples oficios que entran en la obra, desde albañiles, pasando por fontaneros, electricistas, alicatadores, yesaires, cerrajeros, hasta los carpinteros que monten las cocinas y las puertas. El constructor será quien se asegure de que nunca falten materiales, o medios, tales como andamios, grúas u otras herramientas, de que la omisión o el solapamiento de un trabajo no perjudique a otro y que finalmente cualquiera de estas malas coordinaciones, por falta o molestia suponga un incremento de lo presupuestado. Por ello, cualquier desviación de presupuesto deberá ser controlada tanto por dirección facultativa (arquitecto y aparejador) como por constructor, asumiendo evidentemente que somos personas, que todos podemos tener fallos, no debemos de perder el norte y tanto por errores de proyecto, como por errores de obra, como por cualquier otro tipo de error, los sobrecostes se deben de minimizar y, si es posible, que éstos no existan, pues para ello se hace un proyecto, para saber qué y por cuánto se va a hacer, sin olvidar que trabajamos para personas, con recursos limitados, que están haciendo posiblemente la inversión de su vida. Es por ello que resulta tan importante la confianza, como en todos los ámbitos de la vida, hay buenos y malos aparejadores, buenos y malos arquitectos, buenos y malos constructores, pero cabe destacar que, como implícitamente siempre querremos trabajar con los buenos, en todo, resulta fundamental la confianza que afiance la creencia de que nunca se está engañando al promotor, sino que cualquier error, se trata meramente de un error, que cualquier profesional, como persona humana que es, puede cometer. Que los posibles errores son involuntarios, no premeditados, y eso lo tiene que dar la confianza, confianza que todos se deben de ganar.

Insistimos en lo importante que resulta no empezar la casa por el tejado, pues desde lo general a lo particular, siguiendo el camino lógico, primero el uno y luego el dos, de éste modo, se hace fácil lo difícil, por fases, sin querer correr, sin prisa, pero sin pausa. Las prisas no son buenas, en cualquier ámbito de la vida, e igualmente en las obras, en los proyectos, en la materialización de ideas. Un buen plato de alta cocina, volviendo al símil, no se empieza por el emplatado. No es adecuado que un constructor o un arquitecto o el propio cliente, tome la determinación de elegir en primer lugar los grifos que va a poner en cada cuarto de baño del edificio, pues como insistimos, y como dicen *Fito y Fitipaldis* en su canción, esto es empezar *La Casa por el Tejado*. No se puede pretender empezar el proyecto por lo trivial, pues las ideas son mucho más que los detalles que las definen, no por ello queremos decir que los detalles no sean importantes, pues como enunciaba Mies Van der Rohe, "Dios está en los Detalles". Cuán importantes resultan los detalles y lo bien que éstos se ejecuten, pero siempre a su debido tiempo. En la obra es cuando el arquitecto se muestra como un director de oficios, previamente habrá trabajado en una idea, la habrá procesado, consensuado con el promotor, para darle forma en el proyecto.Pero en la obra, en el trámite propio del constructor, es donde el arquitecto se debe destapar como un oficio más, como ese original maestro de obras que tradicionalmente emergía grandes catedrales a cambio de alojamiento y comida en siglos pasados. El arquitecto junto al aparejador deben de observar, sin molestar, pero de forma concienzuda, el trabajo de todos y cada unos de los oficios que gestiona el constructor, para ir dando forma a los detalles, en su momento preciso. Cualquiera puede proponerse alicatar un cuarto de baño, pero será donde emerja un buen profesional, si ese alicatado es bueno o malo, y en caso de ser malo, será cuando se deberá reprender por parte de arquitecto y aparejador, para que la ejecución se realice de forma adecuada, de manera correcta, explicando cómo se debe realizar de forma correcta, siendo una vez más pedagogo en caso de ser necesario. Y de igual forma, como líder de la obra, el arquitecto ejercerá ese liderazgo, alentando a unos oficios duros como pocos, animando cuando sea necesario, y felicitando a oficios, constructor, aparejador e incluso al promotor si se diese el caso, cuando el trabajo se esté realizando bien, de manera adecuada y conforme a lo proyectado, ya que todo el mundo trabaja mejor cuando le animan, cuando uno se siente valorado como profesional, y si bien es cierto que hay que afear la conducta en privado cuando el trabajo no sea bueno, más necesario resulta una palabra de aliento y un "buen trabajo" cuando se da el caso.

El proyecto es la base de la obra, y ésta no se debe de entender sin el proyecto, el arquitecto como ideólogo lo habrá pensado y desarrollado para que ese proyecto sea lo más comprensible posible para todos los partícipes y para el constructor sobre manera, dado que éste será quien lo produzca. El arquitecto como maestro de obras, cabalgará contra viento y marea, apoyado por su escudero, el aparejador y si existe una buena sintonía con el constructor y éste es honesto y honrado, sólo cabe esperar un edificio sublime.

El Aparejador

Siendo la obra un proceso complejo con múltiples factores intervinientes en la que se pueden compaginar centenares de recursos, tanto materiales como humanos, donde resulta tan fácil que algo se desvíe, cabe plantearse la inclusión de nuevos elementos de control y supervisión. De manera que aunque los errores, forzados o no, se presenten, exista y esté lo más presente posible esa cabeza pensante que vele por los intereses del proyecto, y de su correcta ejecución conforme a lo proyectado. De nada vale proyectar el mejor de los proyectos, plasmar cada encuentro de material, dibujar cada sistema constructivo y definir hasta las juntas del suelo, si no somos capaces de controlar que quien ejecuta eso lo esté haciendo tal y como marca el proyecto, por lo que resulta sumamente necesario el apoyo del arquitecto en otros técnicos, independientes a poder ser de la mano ejecutora, para poder así evitar conflictos de intereses, pues no perdamos de vista la imperfección humana y los vicios que llevan a que cada uno "barra para su propia casa". Esto es fácil de entender, si un técnico pertenece a cualquier otra parte interviniente en la obra que no sea el cliente final o promotor, será muy fácil que éste tenga en ocasiones que tomar decisiones movido por el interés de quien le paga y no tome las decisiones en pos del proyecto.

Resulta sumamente necesario el trabajo que un aparejador, arquitecto técnico o ingeniero de edificación (un mismo trabajo, varias formas de calificarlo) aporta al proceso edificatorio que se genera para emerger proyectos de la nada. Y resulta cuanto menos peculiar observar cuantos aparejadores pueden llegar a intervenir en una única obra, dado que su formación supone un grado de preparación apto para múltiples puestos que pueden abarcar desde la dirección de la ejecución, pasando por el suministro de materiales a incluso la colocación de ladrillos. Pues son verdaderos expertos en la construcción, conocen y desarrollan de manera teorizada los procesos, las técnicas, los materiales y lo aplican a la práctica durante el proceso de la obra. Un aparejador puede ser quien guie a los albañiles, marcándoles los plomos, los niveles y la manera de aparejar los ladrillos, pero también puede ocuparse de controlar los materiales que entran en la obra, que éstos cumplan los estándares y calidades suficientes para su disposición en obra, pero además también pueden controlar la ejecución de las partidas, observar si las mediciones se ajustan a lo estipulado y afinar así los presupuestos. Un largo etcétera de trabajos a los que pueden dar respuesta, por lo que resulta muy habitual encontrarnos a uno, dos o varios más aparejadores en la obra.

En este momento cabría distinguir entre dos grandes grupos, no por la formación, si no más bien por el posicionamiento de los mismos. Los aparejadores en la obra pueden estar de la mano del promotor o de la mano del constructor. Dependerá de en qué parte se encuentre el trabajo que desarrollen en la obra, aunque en ocasiones y por ahorrar costes es posible que un mismo aparejador trabaje para ambas partes.

El aparejador del lado del promotor es parte de lo que en obra se llama La Dirección Facultativa, que por norma general la conforman Arquitecto y Aparejador. El aparejador es al arquitecto lo que el enfermero es al médico, ambos son necesarios, ambos pueden tomar decisiones, pero por lo general el arquitecto tomará las decisiones de manera definitiva y el aparejador se encargará de su correcta ejecución, por lo que ambos serán responsables sobre las decisiones tomadas o la manera en la que se hayan ejecutado. La dirección facultativa es la cabeza pensante de la obra, a quien se debe recurrir en todo momento de duda para aclarar y resolver éstas y son quienes deben de velar por los intereses del proyecto y por ende de su financiador, el promotor. La responsabilidad de ambas partes que componen dicha dirección versa en todos los aspectos de la propia obra, desde el presupuesto, que deberá ser controlado y acotado, hasta la recepción de materiales, disposición de sistemas constructivos, diseño, calidad constructiva, documentación y un largo etcétera de ítems que sí o sí una obra acabada debe de cumplir.

Por otro lado, cabe distinguir la figura del aparejador de parte del constructor o de otro organismo interviniente en la obra. Estos tienen una tarea mucho más abierta, que puede abarcar un gran rango de oficios y cometidos, pues como expertos en obras y edificación las constructoras necesitan de sus servicios, bien sea para gestionar la obra, desde el punto de vista del suministro de materiales, desde el de la contratación y control de operarios, hasta la coordinación en materias de seguridad y salud en los puestos de trabajo. El aparejador puede ejercer las tareas propias del encargado de la obra, coordinando, desde el lado e interés del constructor, los oficios, materiales, tiempos, presupuesto y así una larga retahíla de conceptos. Pero cabe destacar, que este aparejador vela por los intereses del constructor, por lo que resulta necesario que el control por parte del aparejador de la dirección facultativa, que será quien vele por el proyecto y su promotor, de manera que los intereses de uno, no primen sobre los del segundo. Siguiendo con el símil médico, si el aparejador es el enfermero, que controla y ejecuta las órdenes del médico, el arquitecto, el constructor podría ser el farmacéutico, que produce y suministra pastillas, tratando de obtener un beneficio de manera loable, sin que se merme la calidad, siempre siguiendo las indicaciones del médico y bajo la supervisión del enfermero, asumiendo éstos la responsabilidad de lo que están prescribiendo. Y por rizar el rizo defender que, resulta muy poco conveniente automedicarse, sin pasar previamente por un médico y/o enfermero. Volviendo a nuestro campo, es un peligro para el promotor, saltarse profesionales y acudir directamente a un constructor, porque por muy buenas que sean las intenciones de éste, él sabe cómo hacer su trabajo, pero no sabe qué trabajo conviene para cada situación, volviendo al símil anterior, las farmacias te venden las pastillas, sin conocer todos tus datos previos, efectivamente te podrán vender algo que te cure, pero tal vez a costa de que no sea lo más adecuado, lo más económico o lo que quieres o necesitas como consumidor.

En definitiva es una profesión muy útil, con la que conviene contar, de igual forma que en cualquier otro campo de la vida, uno bueno ayuda y favorece en todos los aspectos de la obra y cabe plantearse darles continuidad cuando das con uno bueno, ya que en definitiva siempre querremos a los mejores de nuestro lado. El tándem que forman arquitectos y aparejadores debe de estar perfectamente engrasado, por lo que el conocimiento previo entre ambos y el conocimiento de ambas partes sobre la manera de trabajar de uno y otro resulta vital para el correcto funcionamiento de la obra, pues debemos de tener claro que aunque cuatro ojos vean mejor que dos a la hora de controlar la ejecución de un proyecto, la coordinación entre esos cuatro ojos debe de ser correcta, teniendo que tener claro, qué, cómo y dónde ver. La obra es un organismo vivo, cambiante y aunque sus procesos son costosos y requieren tiempo y esfuerzo físico de operarios, cada día se transforma y evoluciona, por lo que resulta de extrema necesidad observarla y dirigirla. Es en esta tarea incesante donde el arquitecto, de la mano del aparejador, debe de marcar el camino, dirigir con contundencia y firmeza, absorbiendo o corrigiendo los posibles errores, de manera que la ejecución del proyecto sea lo que se planteó en su día, lo más parecido a la idea primera que se plasmó en el proyecto.

El Arquitecto

Con un título tan recurrente, de tanta fuerza y con tanta contundencia como "Un Buen Arquitecto", no se podía pasar por alto la explicación sobre el eje vertebrador, la cabeza pensante y el responsable primero de un proyecto de arquitectura, que es, obviamente, el arquitecto. Pues si bien se están analizando todos los factores que en el proceso proyectual y posteriormente en la ejecución intervienen, la explicación sobre el director de todo este compendio de intervinientes resulta primordial.

Un buen arquitecto al igual que un buen panadero, del mismo modo que un buen médico, un buen cocinero, un buen policía, un buen político, etcétera, etcétera, siempre queremos que nos rodeen los mejores, o al menos, los buenos. Dejar de lado a los malos, a los que no traen más que problemas, a los que no saben ejercer su trabajo con la profesionalidad y el servicio que se debe de exigir a cualquier profesión. Esto es, sin lugar a dudas, lo que debe de regir sobre un buen profesional. Por un lado, un amplio conocimiento sobre su campo del saber, cuanta más responsabilidad en el trabajo, mayor debe de ser el rango de conocimiento, y por ende, sobre más cosas debe de saber el profesional y esto es importante, pues la responsabilidad es algo a tener en cuenta y muy en cuenta. Se debe ofrecer una solvencia técnica, profesional en definitiva, sobre las decisiones que se toman, dando seguridad a los clientes, de manera que la confianza y la tranquilidad sean dos más de los servicios que se ofrezcan. Cabe destacar que la responsabilidad, como ya se ha comentado anteriormente, recae en mayor medida sobre las decisiones complejas y como finalmente, debe de existir un algo o un alguien que tome dichas decisiones, las decisiones complejas deben de basarse en un fuerte conocimiento teórico y práctico para que, a pesar de la asunción de grandes cargas de responsabilidad, no sólo se dé tranquilidad y confianza a los clientes, sino que también duerma tranquilo el propio profesional que las toma. Esto se ejemplifica fácilmente del siguiente modo, siendo las siguientes profesiones muy respetadas, el grado de responsabilidad que puede recaer sobre un médico, un cocinero o un panadero es distinto, pero bien es cierto que se requiere profesionalidad por parte de las tres profesiones. El primero puede tomar decisiones que supongan vida o muerte, un grado altísimo de responsabilidad. El segundo, el cocinero, puede no acertar con un sabor, con una textura, o una elaboración, en base a una mala decisión arruinar un negocio, pero a pesar de suponer una fuerte responsabilidad, no será tanta como la del anterior. Por último el panadero, efectivamente tiene responsabilidad sobre el producto que genera y sobre el agrado de sus clientes, tomando éste decisiones que puedan afectar al funcionamiento del negocio, pero al ser un producto en serie podrá hacerlo unos días mejor o peor, pero sin riesgos demasiado altos, por lo que el grado de responsabilidad que asume es menor. No se pretende desacreditar en ningún caso ninguna profesión, únicamente se pretende ejemplificar de qué manera afecta la responsabilidad y el poder de las decisiones, desde las decisiones del médico, que pueden suponer vida o muerte, pasando por las del cocinero y el panadero, existe un amplio abanico de profesiones, con distintos grados de responsabilidad, pero a las que no se les puede consentir un distinto grado de profesionalidad. A cualquier profesional se le debe de exigir que por mucha o poca responsabilidad que supongan sus decisiones, éstas sean tomadas con un alto grado de profesionalidad. En el ámbito de la arquitectura, el arquitecto tiene un alto grado de responsabilidad y éste debe de estar a la altura de sus decisiones, pues éstas, afectan en gran medida a la forma de vivir de las personas, a una inversión, por lo general fuerte (tal vez la inversión más fuerte de la vida de sus clientes), además de tomarse decisiones que puedan incluso afectar a la integridad de las personas, ya que si se dimensiona mal una estructura o un elemento de seguridad, esto puede repercutir en la salud hasta el grado de propiciar un fallecimiento. Por ello, el grado de responsabilidad del arquitecto, siendo elevado, siempre se debe de afrontar con un nivel de profesionalidad adecuado, como en cualquier otra profesión y no sólo se debe de ser profesional, además un buen profesional debe de parecerlo. *La mujer del Cesar no sólo debe serlo, sino parecerlo.* Es un dicho muy arraigado en la tradición clásica, pero que cobra especial sentido en este punto, pues si por muy profesional que un médico, un cocinero, un panadero o un arquitecto, pueda llegar a ser, no es éste capaz de demostrar dicha solvencia y no consigue transmitir seguridad sobre sus decisiones a los clientes, de nada vale, ya que al final, no sólo se ofrecen productos y decisiones, sino que hay que venderlos, a unos clientes ávidos de dichos productos y/o servicios y éstos, siempre los comprarán al que mejor se los venda y no siempre al que mejores productos y/o servicios genere.

Como se ha mencionado anteriormente resulta de especial relevancia la responsabilidad y el grado de conocimiento que ésta debe de llevar aparejada. Dichos conocimientos se deben de adquirir, suponen un largo tiempo de aprendizaje y desarrollo, de unión entre campos del saber y del conocimiento, de manera que se asienten las teorías en la mente del profesional, que será quien tome las decisiones y adquiera las responsabilidades. El buen profesional será aquel que tenga una vasta formación, aquel que nunca deje de formarse, de adquirir conocimiento, que asiente mejor sus decisiones. Y efectivamente, estos tiempos de estudio suponen esfuerzo, sacrificio y determinación. Existe un video que circula por *Youtube*, de una película española del siglo XX, en ella aparece un señor muy apurado porque su coche no funciona, el motor no arranca y necesita utilizarlo. Éste, nervioso, llama a un mecánico que acude a ofrecerle sus servicios y conocimientos y tras apretar un simple tornillo, consigue hacer que el coche arranque. Acto seguido, quiere cobrarle una cantidad al apurado propietario del coche tras ejercer su profesión, de manera rápida y eficaz, cantidad que el dueño del vehículo considera elevada para haber tardado éste a penas cinco segundos en hacer el arreglo. Inmediatamente, el mecánico procede a explicar que, a pesar de que el arreglo ha durado escasamente cinco segundos, éste previamente se ha tenido que desplazar hasta allí, dar un servicio, tener una cierta profesionalidad que haya facilitado que le hayan llamado a él y no a otro, además de la formación previa que se requiere para saber que ese y sólo ese tornillo, de los muchos que componen un motor, es el que hace que el coche funcione o no y así finalmente, subsanar el apuro del cliente de manera que le haya hecho fácil lo que para el cliente puede parecer difícil. Es muy ilustrativo, por todo lo que se condensa en un video de escasos minutos, pues se trata de una aproximación a lo que se está explicando. Un arquitecto, así como cualquier profesional, requiere de una formación previa y continuada en el tiempo, que generalmente supone tiempo y dinero y en muchos casos el hecho de tomar una decisión, no se debe de valorar en base a la decisión tomada, sino a los factores que hay detrás de dicha decisión. Puede parecer caro, pero al igual que cualquier otro profesional, que toma decisiones trascendentales y con un alto grado de responsabilidad, las decisiones llevan un trabajo detrás que pocas veces se ve recompensado o valorado, es un problema de los clientes, pero también en gran medida de los profesionales, pues el buen profesional, como se ha enunciado en párrafos anteriores, no sólo será aquel que lo sea, sino el que lo parezca. Se debe de vender muy bien la formación y todo lo que hay detrás de una decisión aparentemente fácil, de manera que se desenmascare la complejidad que hay detrás de toda decisión, producto y/o servicio.

Esto nos llevaría a preguntarnos sobre el coste de un buen profesional. Pues bien, la sociedad actual en España se basa en un mercado más o menos libre y efectivamente las cosas valen lo que alguien esté dispuesto a pagar por ellas, bien sean productos o servicios. Dado que, de igual forma que los productos, tienen una serie de parámetros que regulan su precio y que son parámetros que la sociedad valora y de ahí su precio, los servicios deberían regirse en gran medida en base a la responsabilidad citada y no sólo a la responsabilidad, sino también al grado de confianza y seguridad que aporten las decisiones tomadas durante la prestación de dichos servicios. No se puede dejar de lado que el arquitecto es un producto en si mismo, éste ofrece no sólo unos diseños y una forma de trabajar, unos productos en a la postre en forma de proyectos (ejecutados o no), sino que vende un servicio, unas decisiones y en definitiva una responsabilidad, que debe de saber vender al cliente de manera que éste, además de todo lo anterior, esté comprando una cierta tranquilidad. Esto nos conduce al segundo factor que determina a un buen profesional, pues si resulta imprescindible la profesionalidad, en base a todo lo citado anteriormente, no menos importante es el servicio. Se entiende el servicio como un trabajo, que va más allá de la profesión y que otorga el carácter al profesional, definiéndolo y haciéndolo un producto en mercado mucho más atractivo. Pues de nada vale un profesional que no sepa dar servicio, que no sirva a un cliente, que ponga pegas, y que se encumbre y sirva más bien de poco. Nuevamente con un ejemplo se entenderá perfectamente. Podemos tener al mejor cocinero, volviendo al símil, pero que no dé un buen servicio, de nada valdrá que el mejor cocinero del mundo no sirva bien su cocina, su producto. En el lado totalmente opuesto, tendríamos a un mal cocinero, un mal profesional, que de un servicio genial y maravilloso, no sería un talentoso pero daría un buen servicio. El término medio, la virtud en definitiva, sería el cocinero que da un servicio y un producto correctos. Con todo este abanico de posibilidades entre profesionalidad y servicio será, en definitiva el cliente, el que tome las decisiones, pero los profesionales no se deben de conformar, un buen profesional no se debe de conformar, un buen arquitecto no se debe de conformar, debe de ser un buen profesional además de un profesional servicial.

Por tanto, un buen arquitecto será aquel que sea servicial, además de un buen profesional, que haga fácil lo difícil, que ayude a un cliente en una materia para él compleja y sobre la que el cliente no tiene por qué saber absolutamente nada. El buen arquitecto será aquel profesional que conozca cada material, que sepa crear espacios, que sepa cómo conjugan, materiales y espacios, unos con otros, cómo funcionan, sabe todo lo que pueden dar de sí. El funcionamiento de la obra en general, de manera que plasme las ideas y sepa erguirlas. Al igual que el chef de cocina, redundando en la comparación, que conoce las técnicas, los ingredientes, cómo se conjugan unos con otros, cómo funcionan en boca, sus aromas, y con toda esa base, es capaz de plasmar una idea en forma de alimento, de manera sencilla, que no simple. Nuevamente las ideas, todo se basa en crear ideas, desarrollarlas en la mente, plasmarlas y construirlas, tanto el cocinero, el chef de alta cocina, como el arquitecto, el *archichef*. Y es que al final todo gira en torno a ideas, como hemos ido viendo a lo largo del presente ensayo, desde que a nivel filosófico, Platón, basase su teoría epistemológica en las ideas, hasta el venerado arquitecto Alberto Campo Baeza, con su libro La Idea Construida, todo proceso creativo se basa en ellas, y determinará en mayor o menor medida al profesional, su manera de desarrollarlas. Las ideas son la madre de la ciencia, de la creación y el diseño, la madre de cualquier campo del saber, de la cultura y el arte. Desde cada invento que se desarrolla, pero que previamente se piensa, se idea, hasta el último producto lanzado al mercado por cualquier gran multinacional. Inventos, platos de cocina, obras de arte, edificios, ideas siempre, siempre ideas en definitiva, ideas. Será el profesional quien las desarrolle, el cocinero las desarrollará en forma de platos y del mismo modo el arquitecto las desarrollará en forma de proyectos que se materializarán o no en edificaciones.

Pues bien, un arquitecto es aquel profesional que tiene una idea, pero cualquiera puede tener una idea, de hecho se tiende a pensar que no hay malas o buenas ideas, sino ideas sin más. Pero un buen arquitecto será aquel que sepa plasmarlas, que domine el diseño, la composición creativa y además sepa cómo ejecutar esos diseños, de la manera más eficiente, gestionando todos los recursos y medios de los que dispone, ordenando y dirigiendo estos recursos, ofreciendo servicio y calidad en el trabajo, asegurando la correcta ejecución, de manera que la idea, inicio de todo, sea plasmada de la manera más optima y fácil posible. Y es así y sólo así, como se puede distinguir a un buen profesional, a un buen arquitecto.

El Proyecto

El cliente, cuando llega al arquitecto, es un saco de ideas, fotos, mentales y de redes, de prejuicios, de dudas, de miedos, de inseguridades y seguridades. Todo ello hace en ocasiones un cóctel con el que es difícil de lidiar, y no por nada en particular, sino porque lo que realmente necesitan es orden, pues ese cúmulo de cosas que están sucediendo en la cabeza de ese cliente que quiere un proyecto, que quiere finalmente su edificio y lo que le tiene que aportar el buen arquitecto es orden, racionalidad y confianza. Esas son las bases sobre las que debe de nacer un buen proyecto de arquitectura.

Tan fácil como empezar con una pregunta, clara, concisa y directa al cliente, *¿cómo quieres vivir?* Me encanta empezar con esa pregunta nuestra aproximación al proyecto, siempre que se trate de una vivienda pero fácilmente extrapolable a cualquier otro proyecto arquitectónico. Es una pregunta que tal vez sea capaz de anular todas las fotos mentales y de redes, ideas, y seguridades, potenciando por un momento las inseguridades y los miedos, pero que supone un gran *click* mental para iniciar el proyecto con la relación cliente-arquitecto. En ese momento ves como pasan mil cosas por la cabeza de tu cliente, sientes la presión y casi puedes oír su cabeza de lo mucho que está pensando en ese momento. La respuesta fácil suele ser, *he visto una foto en tal sitio y quiero eso* o el muy socorrido *mira esta foto, quiero eso*. Pero hay que saber hilvanar un poco más esa bonita foto sacada de *Pintarest, Instagram* o cualquier otra. Por lo que lo más práctico, lo más instructivo y aclarador en definitiva es que realicen ese ejercicio práctico. Bien de palabra pero mejor si se escribe, resulta muy didáctico para el cliente que está empezando a racionalizar su proyecto pensando y también para el arquitecto, que será finalmente quien lo plasme y redacte. Pues no olvidemos que el arquitecto finalmente es quien redacta y dibuja el proyecto, debe de saber transmitir en él los deseos que el cliente tiene, cuanto mejor se entiendan el uno con el otro, mejor se reproducirán las ideas y mejor saldrá el proyecto.

Por eso no resulta nada raro pedir una redacción, verbal o escrita, con un tema más que sugerente, "Redacta como imaginas ese espacio", ese espacio en el que vivir, ese espacio en el que trabajar, en el que comerciar, o cualquier espacio que se quiera proyectar. Pensemos por un momento en una vivienda. El hecho de pensar en cómo queremos vivir en ese espacio, no es un tema baladí, pues vamos a pasar gran parte de nuestro tiempo en él, cuanto mejor lo pensemos, menos nos acordaremos una vez construido de lo mal que lo pensamos o de si lo deberíamos haber pensado mejor.

Por ser tan fácil, resulta complejo, pero vayamos paso a paso. Imaginémonos abriendo los ojos por la mañana, oyendo la alarma, ¿cómo es ese dormitorio soñado? ¿tiene o no tiene vestidor? ¿cómo sería ese vestidor? ¿tendría mucha luz o poca? ¿cómo sería el baño? ¿o no habría baño en el dormitorio? Pero salgamos del dormitorio, ¿cómo sería el pasillo? ¿largo, corto, con luz, con patios? ¿con qué materiales? ¿blanco, negro, lila? ¿quién sabe?, sólo el cliente lo tiene en su cabeza. Llegamos a desayunar, ¿nos gusta desayunar en la cocina? ¿o en el salón? ¿o en una barra entre el salón y la cocina? ¿o en la isla de cocina? ¿o quizá en una terraza? Solamente hemos pasado cinco minutos en esa vivienda soñada y ya hemos aportado un montón de datos sobre cómo tiene que ser ese espacio. Por eso es un ejercicio tan sugerente. Pero hay que ir mucho más allá, pensando en cosas que nos gusta hacer en la vivienda, reuniones, cenas, comidas, fiestas o por lo contrario si nos gusta más el exterior o si somos más introspectivos, o si nos gustan las plantas o si queremos tener muchos niños alrededor o ninguno, todo, absolutamente todo lo que le contemos al arquitecto en esta primera fase ayudará a que él lo plasme en el proyecto de la mejor forma posible y entonces, sólo entonces, será cuando interese en gran medida enseñarle fotos de redes, que complementen lo que le estamos contando.

Resulta un ejercicio de tanta magnitud que puede saltar al campo de la psicología, mucho más trascendental y a medio camino entre arquitectura e introspección. Un verdadero ejemplo de autoconocimiento que marca el camino del orden y de la racionalidad a un cúmulo de ideas inicial. Un verdadero y seguro inicio proyectual, los cimientos bien puestos para iniciar el camino.

Y en ese momento es cuando empezamos a definir formas, empezamos a ver de que manera se materializan los espacios, si son cuadrados, rectangulares, circulares o en forma de óvalo, pero nunca dejamos de lado la versión funcional, pues tenemos claro cómo queremos vivir, de que manera y donde vamos a desayunar, comer o cenar, nos gusta definir el espacio en el que leer un libro o el espacio de trabajo o si tenemos una terraza vinculada al salón o a la cocina o a ambos. Tantos y tantos aspectos funcionales que en ocasiones pueden chocar con la forma que gusta, esa que se ha visto en fotos de redes o que han imaginado en su cabeza. Y es este el eterno dilema de la arquitectura, si la función antepone a la forma o viceversa, pero lo cierto es que un buen arquitecto, siempre debe de materializar un proyecto que conjugue de la manera más adecuada forma y función, sin que una prime sobre la otra. El equilibrio como virtud, un estilo, el equilibrado, como punto de encuentro entre ambas corrientes, la formalista y la funcionalista. Y sobretodo,escuchar, resulta primordial escuchar no sólo al cliente, al mercado en general, saber qué se demanda para transformar así de la manera más adecuada y más óptima los deseos plasmados en esa redacción idílica que les pedimos. En tiempos pasados, los estilos estaban más que definidos, con nombre propio incluso, Renacimiento, Barroco, Gótico, Rococó, Regionalistas, Modernistas y así una larga lista de estilos encorsetados a unas pautas prefijadas que hoy en día no tienen cabida para una correcta definición de proyectos entre el formalismo y el funcionalismo. Escuchar al cliente, conjugar entre forma y función y conseguir un proyecto, óptimo, eficiente, debe de ser el estilo del siglo XXI. Los clientes no deben de pasar como un ente pagador por el proyecto, pues aportan matices muy útiles a los mismos, ya que en definitiva, estamos generando maquinas de habitar, maquinas cuyo usuario será ese cliente y él y sólo él, sabe cómo quiere habitar y como cada usuario es único, como usuario singular o como agregación de usuarios, cada proyecto deberá de tener los matices y las indicaciones que el cliente haya marcado para que el proyecto tenga una personalidad propia y pase de ser una simple escultura con mucha forma y cero función, a un verdadero equilibrio entre una y otra.

Resulta de gran necesidad ese *brainstorming*, una verdadera tormenta de ideas, entre cliente y arquitecto, que no serán sólo de ida, sino también de vuelta, de manera que el *feedback* de ideas entre uno y otro, nutra el proyecto, genere unas sinergias adecuadas para una correcta redacción proyectual. La manera de desarrollar ese proceso creativo será mediante esquemas, dibujos, planos, fotos, que ayuden a explicar a ambas partes lo que se está generando y se deberán de tener tantas reuniones como sean necesarias para materializar un proyecto interesante y que guste, que se parezca a ese sueño, teniendo en cuenta forma y función, de manera que lo que se esculpa sea un proyecto y no una escultura habitable sin más.

Nadie sabe más que nadie y el respeto en esta confección del proyecto resulta primordial, pues el egocentrismo no aporta nada. El egocentrismo del cliente engreído y cerrado en banda o el del arquitecto purista y prepotente. Ni uno ni otro estará colaborando en una correcta confección de un proyecto adecuado, por lo que el respecto, y la predisposición para escuchar por ambas partes debe de ser primordial si queremos que el proyecto sea perfecto, dado que nada resulta más megalómano que creer que se tiene la razón per se, ya que lo que esto puede acabar provocando es que nos olvidemos del usuario, de la forma, de la construcción y de todo lo que propicia que un proyecto sea un buen proyecto.

Un proyecto es una condensación de ideas plasmadas y finalmente ejecutadas, comprimidas en unos planos y memorias. La obra es tan grande que permite el maquillaje y que las pequeñas imperfecciones se puedan corregir sin que éstas afecten a la idea general, pero el proyecto no permite estos errores pequeños, pues cuanto más pequeño resulta un trabajo, menos margen a fallos y a falsos maquillajes tenemos, como se suele decir en la cultura catalana, *Pot Petit, Bona Confitura*. Tan sencillo como entender que cuanto más condensemos unas ideas y más pequeño sea nuestro trabajo, no pequeño por cantidad de trabajo detrás, sino por lo que finalmente se expone; más delicado en la redacción, cálculo y delineación y más bien plasmado debe de estar, tratado de la forma más precisa de manera que lo que obtengamos sea un muy buen proyecto, una *bona confitura*.

La Obra

Si se dice que los sueños, sueños son; en el caso de la arquitectura seremos un poquito más ambiciosos y no nos conformaremos con que los sueños se queden en eso, en sueños, en un algo en la mente de alguno o algunos o en un pensamiento más definido plasmado en unos papeles. Como decía Walt Disney, "Si puedes soñarlo, puedes lograrlo", cuando hemos pensado tanto y tanto en nuestro proyecto soñado, lo mejor que podremos hacer será darle vida y hacer que éste pase del mundo de las ideas al mundo tangible. Es entonces cuando entra en juego la obra, pero como un vocablo mucho más profundo que el concepto obra que a priori podemos tener en la mente, mucho más que hormigón, albañiles y grúas. Pensemos en la obra como la materialización de las ideas, el paso, la transición entre el mundo de ideal al físico, se trata de una transformación. Y por muy pensado que esté todo en el papel, siempre existirán problemas a resolver en ese proceso de materialización, pues lo perfecto sólo existe en las ideas y no en el mundo físico.

En este momento, empiezan a resultar determinantes factores antes tal vez no tenidos en cuenta, es cuando los engranajes empiezan a rodar, todo debe de funcionar a la perfección.Es el momento en que se empiezan a ver los fallos y aciertos del proyecto, una auténtica prueba de fuego, determinante a la hora de comprobar si se ha pensado bien todo previamente.

Factores tales como los operarios, materiales, disponibilidades, meteorología, entorno, situación, aledaños, vecinos y en gran medida y como factor determinante a destacar, el presupuesto. Es una de las bases sobre la que debe erguirse la arquitectura del siglo XXI, base y razón de un mundo finito. Bien es cierto que no es un factor nuevo que no se deba de haber contemplado previamente en la fase de proyecto, pero sí es ahora cuando empieza a resultar determinante. En la fase de obra es cuando comienza a realizarse el dispendio y cuando los gastos sólo hacen que aumentar, será un gran trabajo de arquitecto, en colaboración con el aparejador, el de conseguir limitar los gastos y a poder ser que éstos nunca superen lo previsto en fase proyectual. Pero ahondemos un poco más en el concepto de presupuesto, más allá del dinero. Pensemos en el presupuesto como un tema de consumos, a nivel medioambiental la eficiencia es algo que ha llegado a la sociedad para quedarse y la arquitectura no puede hacer oídos sordos ante ésta nueva premisa. Pues sí, la eficiencia debe de ser y será un tema primordial, una premisa establecida a la hora de proyectar y a la hora de ejecutar esos proyectos. Tan sencillo como pensar que si necesitamos diez metros cúbicos de hormigón, no gastaremos doce, no sólo por el coste económico, sino por los recursos que ello supone. No debemos de olvidar que la mayoría de los recursos en la construcción son finitos, limitados hasta el punto que la construcción debe de afrontar una mayor transformación hacia el reciclaje de materiales y la implementación de los materiales reciclados. Sin dejar atrás que las materias primas de la construcción, generalmente tienen capacidad de reciclaje, de reutilización, y se está haciendo una gran labor en ésta materia, pero aún se puede hacer mucho más, apostando por nuevos materiales, más prefabricación, más automatización que en definitiva permite que un edificio se pueda montar y desmontar íntegramente, lo que favorece una gran apuesta por las tres erres, reducción, reutilización y reciclaje.

Ahora bien, tratemos de evitar los mantras típicos y los falsos ecologismos, que son más frases hechas de *ecolojetas* que una verdadera apuesta por la reducción y la eficiencia. Es tan sencillo como entender que de nada vale forrar un edificio de placas solares, si luego nos encaprichamos con que el suelo de nuestro proyecto tiene que ser con un tipo de mármol de una región recóndita de la antigua Birmania, que tienen que traer cargado un tramo unos elefantes, otro tramo en camión, un buen puñado de kilómetros un barco enorme y un último tramo entre camiones y camionetas hasta nuestra obra, porque entonces lo único que hemos hecho es el tonto forrando nuestro edificio de placas solares, ya que la eficiencia se basa en la filosofía del kilómetro cero, el intentar aprovechar los recursos de los que disponemos más a mano, y entonces y sólo entonces, es cuando forraremos el edificio de placas solares. Me encanta hacer éste símil tan radical, pero muy ilustrativo, hoy en día, que la alta cocina de autor está en auge y viviendo un merecido esplendor, a nadie le entraría en la cabeza y poco menos que la opinión pública crucificaría al chef que se atreviese a hacer un plato con una especie en peligro de extinción, con razón, pues de nada sirve hacer el mejor de los platos mundiales si con ello lo que hacemos es cambiar el mundo a peor y que encima nadie pueda pagar por ello. Lo mismo pasa con la arquitectura, tenemos que ser conscientes de que tenemos a mano recursos preciosos que además aportan carácter a los proyectos y les dan unos matices de la zona en la que se insertan, la arquitectura y por ende los proyectos arquitectónicos no pueden cerrar los ojos ante el entorno en el que se insertan, deben de nutrirse de él.

Actualmente estamos trabajando en el proyecto más *ecofriendly* que posiblemente haremos en nuestra carrera y lo saco a colación por su similitud con el ejemplo que estamos explicando. Se trata de un centro de medicina tradicional de la India que va a insertarse en una serranía de Castellón, a medio camino entre el mar Mediterráneo y el Maestrazgo. A pesar de que el promotor quiere que el proyecto tenga reminiscencias a la India, ha sido muy razonable a la hora de entender que de nada vale que trabajemos con materiales naturales como la madera, el barro, la piedra y el corcho, si no aportamos carácter al edificio de la zona Mediterránea y del Maestrazgo, y que sería un gran error intentar copiar y pegar un edificio Hindú, pues ello supondría el hecho de tener que buscar en los lugares más recónditos de la India materiales, técnicas y revestimientos que tenemos tan a mano como a cincuenta kilómetros a la redonda y que no son menores en calidad, en estética y en funcionalidad a los homólogos en la India. Y aún con todo ello, conseguiremos un edificio con ese exotismo buscado y el carácter propio que aporta la zona en la que se inserta.

Es algo que también está viéndose en la cocina de autor. Tenemos la gran suerte de estar diseñando un restaurante, junto a dos grandes chefs que están dando y darán mucho que hablar. Junto a ellos estamos dando forma a varios proyectos, de manera reposada y ordenando ideas, estamos consiguiendo espacios realmente bellos, con una cinestesia brutal, potenciando los entornos y apostando por los materiales de cercanía. Creo que está resultando un trabajo sumamente enriquecedor para ambas partes, pues estamos aprendiendo mutuamente y al final ves como ambos trabajos, el de chef y el de arquitecto, tienen en común el transformar ideas en algo físico y el verdadero trabajo, reside en cómo se materializan esas ideas. He sido capaz de comprender, en mayor medida gracias a ellos, lo enriquecedor que resulta aprovechar los productos de la zona y es más, será condición indispensable, cada día más, el trabajar con productos autóctonos para la obtención de la excelencia en su campo, dado que los críticos culinarios cada vez lo valoran más. Aprendamos de otras profesiones, dejemos la endogamia arquitectónica y paremos de mirarnos el ombligo, veamos qué podemos aprender de otros campos, pero no sólo en arquitectura, en todo lo que hagamos en la vida, nutrámonos y veamos cómo se obra en otros campos.

En definitiva debemos de entender que la obra es la transformación de las ideas a un ente físico, mediante un proyecto. Pero bajemos al barro nuevamente y veamos la obra en su sentido más tosco. Se trata de un compendio de operarios, dirigidos por un encargado, que a su vez está dirigido por un jefe de obra. Entran en juego los materiales, las herramientas, los medios auxiliares tales como andamios, hormigoneras y así un largo etcétera. Puede resultar caótico intentar comprender todo de la obra si no se pertenece a este mundillo. El sector de la construcción maneja grandes cantidades de dinero, ya que por pequeño que sea el proyecto que se desea ejecutar, siempre estaremos hablando de varios miles de euros y el límite por encima no existe, pues no es nada raro hablar de proyectos de millones de euros. Es por ello, que la construcción puede parecer un entorno corrupto y esto es por lo fácilmente corruptible que es. Cuando se habla de tales cantidades de dinero, teniendo en cuenta que al final, cada individuo barre para su propia casa, es muy fácil que se recorte en algún punto de la obra, de manera que se resten prestaciones a costa de hacer un edificio peor y así maximizar beneficios. Es cuando se puede comenzar a valorar el tener un experto imparcial que esté a nuestro lado, como clientes promotores del proyecto y que las manos que ejecutan el proyecto, no nos mareen, ni nos cuenten falsas historias para no dormir. Pues si no se comprende sobre este campo de la construcción, puede ser sumamente peligroso, sobretodo y en gran medida para el bolsillo. No quiere decir que los arquitectos y aparejadores seamos infalibles, evidentemente nos la pueden colar, como a cualquier otro, pero si que hay que estar muy encima de lo que se está haciendo y cómo se está haciendo, para que así se pueda asegurar de la manera más concisa que lo proyectado está siendo transformado tal cual ha sido pensado.

La obra es un organismo vivo, que cambia cada día, evoluciona y en la que hay que saber actuar, como profesional y como persona, tanto con los que la ejecutan como con los que la pagan.

Es fundamental la confianza recíproca, entre los ejecutores con el arquitecto y aparejador como la que debe de existir entre arquitecto y aparejador con los promotores, dado que en gran medida, el descanso de éstos últimos, puede llegar a estar condicionado por la seguridad que le aporten los dos primeros.

El Edificio

Y finalmente, tras tanto pensamiento, depuración de ideas, dibujos, planos, cálculos, memorias técnicas, solicitudes de permisos, noches de no dormir y agobios varios, obtenemos el edificio, la realidad, la plasmación de esa idea, la traducción imperfecta de un ideal perfecto. Pero entendamos como edificio, algo mucho más allá que un volumen, que una casa. El edificio será esa transformación a lo físico, el producto obtenido, que irá desde una vivienda, a una plaza, a una calle, a un patio, a un cenador, a una tienda, a un restaurante o a cualquier proyecto que haya sido imaginado, pensado, refinado y finalmente ejecutado, el edificio es la culminación de la arquitectura construida.

Pero qué debe definir a un edificio, pues estamos cansados de ver edificaciones a nuestro alrededor, sólo con salir a la calle podemos percibir gran cantidad de bloques de viviendas, de parques públicos, de calles y avenidas, papeleras, farolas, que un día fueron pensadas por alguien y mediante un proyecto, se convirtieron en algo físico, en algo real, pero no sabemos si es bueno o malo, dado que si bien es cierto que no existe una mala idea, donde se distorsionan éstas es en el proceso de proyecto y sobretodo en el de ejecución. Entendemos que la perfección sólo existe en ese mundo de las ideas, donde todo es posible y todo tiene cabida, pero al bajar dicha idea al mundo real, al físico, es cuando empieza a dar problemas.

En lo que respecta a los edificios, como producto definitivo de un proceso proyectual, recurriremos a los maestros, clásicos y modernos, ya que parece que tiempo atrás, la necesidad de definir lo que es un buen edificio ya era algo latente en la sociedad. No estamos inventando nada nuevo, tanto el cromañón que vivía en una cueva sabía distinguir entre una mejor y otra peor, como quien se hace hoy una casa quiere saber y sabrá si es buena o mala, el problema es que dicho conocimiento, por normal general, se adquiere por una mente inexperta a través de la habitación.

El maestro Le Corbusier, famoso arquitecto e intelectual del siglo XX, ya definió el edificio como una maquina de habitar, un artefacto creado para el hábitat, que conjuga diversos factores, tales como la estructura, los cerramientos, revestimientos y las instalaciones, así como la perfecta conjugación entre todas las partes será la que determine, junto a los usos que se le den al edificio, a la forma y la funcionalidad, si esa maquina de habitar funciona perfectamente engrasada y sin fallos. Del mismo modo el clásico arquitecto Vitruvio, autor de Los Diez Libros de Arquitectura (*de architectura*), ya enunció los fundamentos que debía tener un buen edificio, el famoso *Fírmitas, Utílitas y Venustas.* El primer término, hace referencia a la estabilidad, un edificio no se debe de caer, ni siquiera debe de admitir las grietas o fisuras, debe de preverse todo esto, calcularse para que no sólo no suponga grave riesgo a los usuarios, sino que además no se abra a humedades u otro tipo de filtraciones. El edificio debe de ser útil, he aquí cuando Vitruvio hace una fuerte reflexión sobre la utilidad, sobre la función en definitiva, pues es lo que distingue una escultura de un edificio, el uso que se le va a dar y ese uso debe de ser acorde a las necesidades de las personas, de los habitantes, por lo que resultará primordial un funcionalismo racional y pensado. Tan sencillo como pensar en el diseño de una cocina, si proyectando una cocina la disponemos a cien metros del comedor, la sopa llega fría, por lo que la funcionalidad no es correcta, ergo no se ha proyectado un buen edificio, no hay utilidad, no hay *Utílitas*. Y por último la *Venustas*, que es como el arquitecto clásico define la Belleza, pero en unos términos mucho más profundos que los de la propia belleza. Refiriéndose sobre todo a la composición, al formalismo obtenido, que sea equilibrado, que guste a la vista y no resulte una composición agotadora o incluso molesta, se refiere sobre todo a la Bondad del edificio, a que se haya realizado acorde a la sociedad, al habitante, en definitiva que sea un edificio bueno, dejando a mi parecer, demasiado abierto el término bueno.

La definición de arquitectura y de su producto final, el edificio, ha sido teorizada durante siglos, han aparecido multitud de pensadores que se han atrevido a lanzar su propia definición de éstos términos, Leon Battista Alberti, Da Vinci, Miguel Ángel, Frampton, son sólo algunos nombres de teóricos de la arquitectura de los que se puede aprender mucho.

Pero abordemos a los dos analizados en primer término. Le daremos una vuelta, pues la arquitectura, como todo en la vida, evoluciona y se transforma, lo que debemos de entender y tener claro es que las teorías no son erróneas, aunque tampoco totalmente acertadas, simplemente son teorías, que pueden matizarse y complementarse. Pues bien, la maquina de habitar de Le Corbusier, es perfecta, para la época en la que se creó, es decir, todos entendemos que un edificio debe de tener función y ésta debe de ser adecuada, que la conjugación con una correcta estructura, construcción e instalaciones, será lo que determine su bondad como edificación. Pero en el contexto del siglo XXI debemos ir más allá y ampliar con el término eficiencia, no sólo entendida dicha eficiencia en términos de ecologismo, que también, sino entendida como que el edificio deberá ser óptimo, no deberá de haberse gastado más pudiendose gastar menos, dinero y recursos. Y entendido eso, además, el edificio tendrá un consumo bajo, de energía, monetario y en cuanto a recursos, asegurándose así que la eficiencia energética sea la mejor posible y de este modo, seamos capaces de controlar gastos y consumos, que será algo bueno para los usuarios y en definitiva para el planeta. Se trata de ampliar la Triada Vitriviana, y que pase de ser *Fírmitas, Utílitas y Venustas* a *Fírmitas, Utílitas, Venustas y Efficientiam*, pues nos hemos dado cuenta, con el paso de los años, de lo limitado de los recursos y lo necesario que resulta, en las economías actuales, ajustar los presupuestos, los consumos y en definitiva los recursos con los que edificamos. Resulta primordial proyectar bajo esta premisa, un buen proyectista será aquel que lleve por bandera esta última variable, siempre respetando los principios básicos, de firmeza, bondad, y utilidad, sin restar confort ni prestaciones. Puede resultar complejo, pero es lo que debe distinguir de forma clara a un buen arquitecto.

Esta evolución, sobre lo que antes se entendía como un buen edificio y lo que ahora se entiende como un edificio obsoleto, debe de hacernos reflexionar también sobre la vida útil de las edificaciones. Podemos ver como las ciudades están llenas de pisos, en los centros urbanos, con superficies aberrantes, construcciones sin aislamientos térmicos y estructuras de madera, con goteras y sin vida. En su día, eran lo mejor de lo mejor, los barrios ricos, los que tenían las mejores edificaciones, pero con el paso del tiempo han ido perdiendo la firmeza, aparecen las goteras, la madera envejece y se pudre en contacto con el agua. Pierden la utilidad, pues no satisfacen usos que hoy se entienden como necesarios, tales como baños, cocinas y ascensores. Y dejan de lado la bondad, dado que el mercado hoy en día, raramente reclama viviendas de ocho dormitorios y cuatrocientos metros cuadrados, dejan de ser aptos para la sociedad que fueron creados pues dicha sociedad ya no existe, se ha transformado. Y por si fuera poco, son edificaciones con un consumo enorme, un cero en eficiencia, ya que no disponen de aislamientos, equipos e instalaciones de bajos consumos. Suponen un gasto elevado, inasumible en los términos actuales.

Resulta necesario transformar, la rehabilitación por bandera, readaptando los edificios a las necesidades actuales, de manera que se vuelva a dar uso y vida a construcciones que en su día tuvieron un grandísimo esplendor. Reflexionando si merece la pena seguir engordando las ciudades cuando tenemos centros históricos vacíos, por mero afán de lucro, tan sencillo como tirar y volver a edificar o como rehabilitar si es posible. Un modelo más sostenible, más óptimo, que permita la transformación dentro de lo que ya existe. Así y sólo así, se puede alcanzar la tan ansiada eficiencia, ecológica, monetaria y en lo que a recursos se refiere.

Epílogo

de Ana Rahme Flor

Cuando en una tarde con amigos entre conversaciones amenas y bromas te ofrecen escribir el epílogo del segundo libro de una persona a la que aprecias, tú dices que sí, ya sea por el amor propio que te tienes o por seguir la broma. Pero cuando al día siguiente te encuentras en el móvil una copia de su libro y un mensaje alentador que dice que cuenta contigo, ahí ya estás en un callejón sin salida en el que solo se puede salir intentando plasmar en unas líneas lo que admiras que una persona de tu círculo consiga lo que se propone y tenga el coraje de seguir persiguiendo sus sueños. Las siguientes líneas no están ni mucho menos a la altura del autor del libro, tan solo me puedo defender alegando que están escritas desde el respeto y la admiración absoluta que le profeso. No se me ocurre nada mejor que empezar con la definición de vocación.

Vocación: Inclinación o interés que una persona siente en su interior para dedicarse a una determinada forma de vida o un determinado trabajo.

Para mí la vocación empieza desde niño y se materializa en la edad adulta, cuando tu capacidad de decisión te lleva a seguir el camino que has estado soñando durante años. Recuerdo mis primeros años de universidad, en los que empecé una carrera que no me llenaba y tuve que ir construyendo e improvisando el camino que me llevaría a desarrollarme profesionalmente, y que decir tiene que elegí bien, soy una afortunada y tuve suerte. Pero siempre he envidiado a esas personas que desde siempre han sabido lo que quieren ser, a base de esfuerzo lo han conseguido y a día de hoy disfrutan de su sueño de niños, porque no hay mayor placer que poder dedicarte a lo que realmente te gusta. Y es que al final disfrutar de lo que haces es la forma más acertada, a mi parecer, de vivir la vida.

Concretamente arquitectura es una de las profesiones que siempre he pensado que tienen que ser vocacionales, no me imagino a nadie dedicando su vida a un trabajo en el que el mínimo detalle cuenta, y en el que cada proyecto acabado debe de ser como un hijo venido al mundo si no existe una vocación.

Me ha encantado saborear la pasión que José Antonio siente por su profesión en cada una de las líneas que componen las 84 páginas de su segundo libro "Un buen arquitecto". Da gusto y envidia sana ver como una persona ama lo que hace, cree en lo que hace y grita a los cuatro vientos todo lo bueno y lo no tan bueno con lo que tiene que lidiar a diario.

Con ocho años de experiencia, aunque a algunos les puedan parecer pocos, y todo el ímpetu que la juventud conlleva, José Antonio nos lleva por un viaje de sentimientos, emociones y pasión por su profesión. Desde el origen de todo proyecto, el sueño de toda persona por materializar la idea original, hasta el resultado, la obra final. Y es que cuando tu trabajo tiene un impacto tal en la vida de las personas, es incomprensible que se desarrolle sin pasión.

Este libro no trata de dar lecciones sobre lo que es la arquitectura, va mucho más allá, habla de la orientación al cliente, el trabajo en equipo, profesionalidad y practicidad. Creo que cualquier profesional podría sentirse identificado en alguno de los capítulos o de las situaciones descritas. Ya que, capítulo a capítulo va mostrando sus inquietudes siempre orientadas a un trabajo bien hecho.

La orientación al cliente es una constante en su obra. Un buen arquitecto hace hincapié no sólo en entender lo que el cliente quiere, si no en aconsejar y cuidar al cliente, en convertirse en un compañero de viaje y ponerse en su piel. En entender y participar en el entusiasmo de empezar un proyecto, puede que el más valioso de su vida. Es un viaje creativo y fascinante que José Antonio disfruta y en el cuál acompaña al cliente a su destino final. No sin olvidar el grado de responsabilidad que cada uno de los consejos y decisiones conllevan.

"Un buen arquitecto" revindica la ardua labor del arquitecto desde la primera reunión con el cliente hasta la materialización del proyecto, y en todo este proceso pone en valor el trabajo de cada una de las personas con las que trabaja. No sólo ensalza la labor del arquitecto, como todo buen profesional debe rodearse de un buen equipo. Con tal carga de trabajo es indispensable coordinar y trabajar con personas de total confianza, y además, valorar todos los roles que intervienen en la ejecución del proyecto, desde el constructor hasta el arquitecto técnico. Aquí José Antonio deja patente la humildad y respeto con la que desarrolla su trabajo, así como la importancia de rodearse de personas de total confianza, que probablemente sienten el mismo respeto y pasión por su profesión.

Bajo mi punto de vista, como total desconocedora del mundo de la arquitectura, este libro me ha acercado a este mundillo que veía como algo inalcanzable, ha cambiado totalmente la visión que tenía de lo que es un arquitecto y el trabajo que realiza. Puede que sea el libro técnico más humano y cercano que haya caído en mis manos. Como José Antonio cita en la introducción *"Pero tratemos de ser más llanos, más accesibles, pues es lo que pretende este escrito, no ser perfecto, pues nunca podrá serlo, pero al menos tratará de explicar al gran público,... ,multitud de conceptos e ideas de forma comprensible y razonada..."* , y lo ha cumplido con creces.

En conclusión, "Un buen arquitecto" tiene la capacidad de acercarte al desconocido mundo de la arquitectura con una fácil y amena lectura, poniendo ejemplos en los que todos nos podemos sentir identificados, con una humildad y un amor por su trabajo, que unido a su esfuerzo por hacer las cosas bien, han hecho de José Antonio un buen profesional.

Ana Rahme Flor
MBA
Ingeniera de Organización Industrial

Índice

UN BUEN ARQUITECTO

JOSE ANTONIO LÓPEZ SALAS

Simplemente, Gracias....

A Alicia, por la corrección del texto, por tus sinceras opiniones que tan ansioso espero siempre y por despertar conmigo cada mañana.

A mis padres por ser mi pilar siempre.

A José Ramón Ruiz, que aunque no se acuerde, nos conocimos antes de lo que dice en su prólogo, allá por mi segundo año de carrera, en la asignatura de Materiales de Construcción siendo él mi profesor, sí bien es cierto que nuestra amistad se afianzó en Sorrento.

A Javi Sanz y Juan Sahuquillo, claros ejemplos de que siempre se puede aprender de alguien más joven que tú. Por su ímpetu, su arrojo, su constancia, trabajo, esfuerzo y dedicación, valores con los que me siento plenamente representado. Seguiremos dando forma a todas las locuras que se os pasen por la cabeza.

A Ana Rahme, por ser un ejemplo de vida, por su tenacidad, por su amistad, sus ganas de disfrutar de cada momento y por ser de esas amistades que siempre, propongas lo que propongas, tienen un sí para ti.

www.ingramcontent.com/pod-product-compliance
Lightning Source LLC
LaVergne TN
LVHW020648100826
845148LV00012B/2383

* 9 7 8 1 6 4 3 6 0 5 6 9 2 *